Dr. Alexis Eisenhofer

ÜBERRENDITE

Dr. Alexis Eisenhofer

ÜBERRENDITE

Einfach mehr verdienen

FBV

Bibliografische Information der Deutschen Nationalbibliothek
Die Deutsche Nationalbibliothek verzeichnet diese Publikation in der Deutschen Nationalbibliografie; detaillierte bibliografische Daten sind im Internet über **http://d-nb.de** abrufbar.

Für Fragen und Anregungen:
info@finanzbuchverlag.de

1. Auflage 2017

ein Imprint der Münchner Verlagsgruppe GmbH
Nymphenburger Straße 86
D-80636 München
Tel.: 089 651285-0
Fax: 089 652096

Lektorat: Hella Neukötter
Umschlaggestaltung: Laura Osswald
Umschlagabbildung: Hannes Mercker
Satz: Carsten Klein, München
Druck: GGP Media GmbH, Pößneck
Printed in Germany

ISBN Print 978-3-95972-004-5
ISBN E-Book (PDF) 978-3-86248-977-0
ISBN E-Book (EPUB, Mobi) 978-3-86248-978-7

Weitere Informationen zum Verlag finden Sie unter

www.finanzbuchverlag.de

Inhalt

Vorwort

In dem vorliegenden Buch sind Gedanken und Erfahrungen zusammengefasst, die ich in den letzten 25 Jahren als Student und Doktorand der Kapitalmarktforschung, als Investor und als Unternehmer am Kapitalmarkt gesammelt habe. Unser Unternehmen financial.com entwickelt und betreibt Wertpapierinformations- und Wertpapierhandelssysteme. Als Technologiepartner von *Thomson Reuters* arbeiten wir täglich mit den weltweit führenden Finanznachrichten und Daten.

Ausgangspunkt für dieses Buch war die Bitte meiner Kollegen, Finanzwissen unseren technischen Kollegen in einer Präsentation zu vermitteln. Schnell war klar, dass ich dies nur in einem Buch zusammenschreiben kann. Ich wäre sehr stolz, wenn ich mit diesem Buch bei vielen meiner Kolleginnen und Kollegen neben der Wissensvermittlung auch eine Leidenschaft für das Thema Börse entfachen kann. Ohne ihre technische Unterstützung wäre ich nichts, und hoffentlich kann ich ihnen mit diesem Buch etwas zurückgeben.

Die wichtigsten beiden Leser meines Buchs, für die alleine ich es bereits geschrieben hätte, sind unsere Kinder Franz (5 Jahre) und Elsa (3 Jahre). Zu wissen (oder zu hoffen), dass sie in 20 Jahren das Buch in die Hand nehmen werden und meine Gedanken zum Thema Kapitalmarkt lesen, ist mein größter Ansporn.

Ich bedanke mich bei allen Weggefährten, die mich in den letzten 25 Jahren begleitet haben. Viele werden bei der Lektüre auch ihre Erfahrungen wiederfinden, weil wir diese gemeinsam erlebt haben.

München, August 2016

Einleitung

Die Aufgabe eines Portfoliomanagers besteht darin, durch kluge Anlageentscheidungen einen Mehrwert gegenüber einer passiven Anlage in einen Index zu erzielen. Welche Anlagestrategien gut sind und solche *Überrenditen* ermöglichen, ist das zentrale Thema einer ganzen Industrie sowie einer ganzen Wissenschaft. Es fällt auf, dass sich in der Finanzbranche sehr viele kluge Menschen bewegen, die größtenteils allerdings selbst nicht außergewöhnlich reich sind. Tatsächlich erzielen sie meistens nur gewöhnliche Renditen, die auch nicht besser als die Renditen von Privatanlegern sind.

Oft trifft man sehr gut ausgebildete Naturwissenschaftler, die komplexe Probleme mit mathematischen Formeln lösen können. Durch ihre Methodenstärke haben sie oft ein übersteigertes Selbstvertrauen und glauben an eine vollständige Kontrolle des Zufalls. Aufgrund ihrer Neigung zur analytischen Eleganz treffen sie manchmal Annahmen, die nicht real sind.

Der Glaube an besonders kluge Portfoliomanager veranlasst Millionen Kleinsparer weltweit, insgesamt 74 Billionen US-Dollar in 122.000 Fonds zu investieren. Dass es nur 52.000 börsennotierte Unternehmen gibt, von denen eigentlich nur 5.000 genügend Aktien für den Börsenhandel haben, zeigt das besondere Gewicht von Fondsmanagern in der Finanzbranche. Jeder Fondsmanager entwirft seine eigene Strategie, mit der er besser als alle anderen sein möchte.

Oftmals werden Fondsmanagern durch Gesetze zu enge Grenzen gesetzt, weswegen eine Zielverfehlung nicht zwangsläufig mit einer schlechten Leistung gleichzusetzen ist. Komplexe Anlagerichtlinien, die in guter Absicht getroffen wurden, stehen aber einer Überrendite im Weg. An der Börse ist Flexibilität sehr wichtig. Gerade hier haben Privatanleger einen großen Vorteil gegenüber institutionellen Anlegern. An der Börse fressen nicht die Großen die Kleinen, sondern die Schnellen fressen die Langsamen.

Immer mehr Privatanleger vertrauen passiven Produkten (Indexfonds) oder nehmen die Kapitalanlage selbst in die Hand, insbesondere infolge des Booms von Social-Trading-Plattformen im Internet. Hier kopieren Privatanleger die Strategien anderer Investoren.

Außerdem verlieren Ansätze, die historisch gut funktionierten, aufgrund von hoher Nachahmung ihren Wert. Was nutzt der Nobelpreis von Harry Markowitz zur Berechnung optimaler Portfolios, wenn jeder diese Vorgehensweise anwendet?[1] Nichts! »Wenn die Vergangenheit der beste Maßstab für die Zukunft wäre, wäre die Forbes-Weltrangliste der reichsten Menschen voller Bibliothekare.« (Zitat von Warren Buffett)

Der beste Anleger der Welt ist Warren Buffett, der mit seiner Beteiligungsholding Berkshire Hathaway seit 1965 im Mittel pro Jahr 21,6% Rendite erwirtschaftet hat. Aus Sicht der Finanzwissenschaft ist dieser Anlageerfolg ein Rätsel. Wie später in einem eigenen Kapitel gezeigt wird, sind die Erfolge jedoch sehr systematisch und (allerdings sehr schwer) reproduzierbar. Warum lässt ein 86-jähriger Mann einen Großteil der Finanzwissenschaft verzweifeln und warum übertrifft er einen Großteil kluger Universitätsabsolventen, die mit den neusten Erkenntnissen der Finanzwissenschaft vertraut sind?

Buffett selbst freut sich, dass unzählige Studenten ihren Universitäten viel Geld bezahlen, um dort etwas von effizienten Märkten zu lernen. Auf effizienten Märkten sind alle Informationen bereits in den Kursen verarbeitet. Folglich unternehmen sie nämlich wenig Anstrengung, um neue eigene Wege zu Überrenditen zu suchen. Wie später gezeigt wird, ist eine Überrendite harte Arbeit und verlangt viel Fleiß und Disziplin.

Dieses Buch zeigt, dass man zudem mit der nötigen Distanz und ohne Hektik langfristig viel bessere Entscheidungen treffen kann, als dies viele hochmotivierte Fondsmanager machen, die im Tagesgeschäft aufgrund von Stress, Rechtfertigungsdruck und gesetzlichen Vorschriften den Wald vor lauter Bäumen nicht sehen (dürfen). Ein Großteil des Anlageerfolgs stammt nicht daher, dass man der Klügste ist. Meistens reicht es aus, wenn man nicht der Dümmste ist. Emotionale Stabilität ist beim Investieren viel wichtiger als Intelligenz. Viele der gezeigten Forschungsergebnisse sind intuitiv und bereits mit einem gesunden Menschenverstand zugänglich.

Selbst dann, wenn man als Privatanleger keine Erfahrungen bei Finanzentscheidungen hat, sollte man ein gesundes Misstrauen behalten und Empfehlungen von anderen Marktteilnehmern kritisch hinterfragen. Wie später gezeigt wird, sind viele Aussagen mit Eigeninteressen belegt, die nicht deckungsgleich mit den Interessen des Anlegers sind.

Wissenschaftliche Aussagen und empirische Ergebnisse werden so präsentiert, dass ein Privatanleger nach der Lektüre pro Jahr zwischen 2% und 3% mehr Rendite erwirtschaften und deshalb eine doppelt so hohe Rente erwarten kann – wenn er hoffentlich den Großteil seines Anlegerlebens noch vor sich hat.

Haushalte, Unternehmen und das Finanzsystem

Grob gesprochen kann man das Wirtschaftsleben in 3 Sektoren einteilen. Private *Haushalte* erzielen Ersparnisse, die sie dann *Unternehmen* für reale Investitionsprojekte zur Verfügung stellen. Streng genommen gibt es noch den Staat und das Ausland, die sich Geld für ihre Vorhaben leihen. Weil die Unternehmen bezüglich der Projekte Insider sind und die Risiken und Chancen besser als außenstehende Privatanleger kennen, gibt es das *Finanzsystem*, das mit seinen Analysten und Fondsmanagern für eine effiziente Kontrolle sorgen soll.

Unternehmen kommen dann mit Börsengängen an den Markt, wenn die Manager der Meinung sind, dass der Markt mehr als den tatsächlichen Wert für ihre Aktien bezahlt.[2] Genauso kaufen sie Aktien zurück, wenn der Marktpreis unter dem fundamentalen Wert liegt. Derartige Informationen sind übrigens sehr gute Indikatoren für eine Überhitzung von Märkten. Tatsächlich sind Aktienrückkäufe auch ein sehr guter Indikator für steigende Kurse.[3]

In den letzten 3 Jahrzehnten ist das »*Delegated Portfolio Management*« (die indirekte Anlage über Fonds) extrem angestiegen. Im Jahr 2014 wurden weltweit 74 Billionen USD verwaltet.[4] Privatanleger halten inzwischen mehr Investmentfonds als Direktinvestitionen in Aktien oder Anleihen. Diese immer wichtiger gewordene Auftragsbeziehung hat die Kapitalmärkte deutlich verändert. Während Fondsmanager nach vermeintlich rationalen Kriterien Chancen an den Märkten suchen, sind sie tatsächlich abhängig von der Stimmung der Privatanleger. Wenn die Wirtschaftsnachrichten so schlecht sind, dass sie selbst Boulevardzeitungen erreichen und damit Privatanleger zur Flucht aus ihren Anlagen treiben, nützen keine klugen Modelle. Die Fondsmanager müssen Positionen verkaufen, um die Auszahlungen der Privatanleger bedienen zu können.

Durch die großen Mittelflüsse in Investmentfonds haben die Wechselbeziehungen (»*Korrelationen*«) der Aktien stark zugenommen.[5] Früher waren Aktien oftmals unabhängig oder sogar gegenläufig voneinander. Deswegen konnte man gemäß der *Portfolio-Selection-Theorie* des Nobelpreisträgers Harry Markowitz durch kluge Portfoliogewichte das Risiko erheblich reduzieren.[6] Heute werden Portfolios von den Fondsmanagern nach den gleichen Modellen auf- und abgebaut, was gerade in Fluchtphasen von Privatanlegern eine hohe Gleichläufigkeit der Aktien bewirkt. Kapitalmärkte haben heute daher ein viel höheres *Refinanzierungsrisiko*.[7]

In der Wissenschaft gibt es zahlreiche Studien, die Mittelflüsse von Investmentfonds untersuchen. Aufgrund der prozyklischen Mittelflüsse – Privatanleger kaufen (verkaufen) Fondsanteile bei guter (schlechter) Stimmung – kann das Finanzsystem seine Kontrollfunktion nicht richtig ausüben.[8] Wenn die Börse eingebrochen ist und sich wieder viele Chancen auftun, können Fondsmanager nicht mehr handeln, weil die Privatanleger das Geld abgezogen haben. Dagegen bekommen die Fondsmanager viel Geld anvertraut, wenn die Kurse bereits stark gestiegen und die Bewertungen nicht mehr attraktiv sind.

Aufgrund der eingeschränkten Kontrollfunktion durch das Finanzsystem gewinnen die Unternehmen im Mittel, weil sie ihren Informationsvorsprung teilweise ausnutzen können. Privatanleger verlieren relativ gesehen Geld, und das Finanzsystem verdient seine Provisionen.

Privatanleger sollten bei einer Fondsanlage Emotionen ausblenden und Fonds langfristig über Börsenzyklen hinweg halten. Wenn sie sich für einen Fondsmanager entschieden haben, sollten sie zudem auch längerfristig investiert bleiben. Bei einer Direktanlage lohnt sich ein Blick auf das Verhalten von Unternehmensinsidern, um eine Bewertung des Gesamtmarkts ableiten zu können.

Besonderheiten der institutionellen Kapitalanlage

Wer Kapitalmärkte verstehen will, muss sich unbedingt in die Perspektive der großen institutionellen Anleger hineinversetzen. Diese Großanleger agieren in einem hochgradig regulierten Umfeld und können Anlageentscheidungen nicht immer frei treffen. Die Regeln sind öffentlich bekannt, weswegen sich Privatanleger die Kenntnisse dieser »Leitplanken« zu Nutze machen können.

Zuerst muss man wissen, dass große Kapitalsammelstellen keine klassischen »*Asset Manager*« wie Privatanleger sind. Vielmehr sind sie »*Asset-Liability-Manager*« und müssen neben der Aktivseite auch die Passivseite ihrer Bilanz berücksichtigen: Auf der Passivseite stehen die Verbindlichkeiten wie zum Beispiel Pensionsansprüche, die sie mit ihrem Vermögen auf der Aktivseite und ihren Anlageentscheidungen bedienen müssen.

Sie versuchen, bei ihren Anlageentscheidungen vermehrt solche Risiken einzugehen, die auch auf der Passivseite bei ihren Verpflichtungen eine Rolle spielen.[9] Warum ist dies so wichtig? Die Pensionskassen müssen dafür sorgen, dass ihr Puffer zwischen Vermögen und Schulden immer ausreicht und möglichst wenig schwankt. Wenn dieser nämlich mehr schwankt, muss der Sponsor eines Pensionsplans – meistens der Finanzvorstand eines großen Konzerns – mehr Mittel zur Verfügung stellen.

Die Beteiligten haben also ein Interesse daran, dass die mittlere Zinsbindung (»*Duration*«) auf beiden Seiten der Bilanz möglichst übereinstimmt. Weil Pensionsansprüche eine sehr lange Zinsbindung von bis zu 30 Jahren haben, Staatsanleihen aber meist unter 10 Jahren Laufzeit aufweisen, gibt es hier Spannungen. Die Finanzbranche hat mit Hilfe von Derivaten sogenannte »*Liability Driven Investments*« geschaffen, deren schlechte Rendite eigentlich egal ist, weil die Fristenkongruenz mit der Aktivseite im Vordergrund steht.

Im Februar 2005 hatte Frankreich erstmals eine 50-jährige Anleihe emittiert, deren Rendite nur 0,03% über der 30-jährigen Anleihe liegt. Trotz offensichtlich unattraktiver Rendite war die Anleihe mehrfach überzeichnet, weil sie eine entsprechend hohe Duration-Kennzahl aufwies.[10] Die Ziele von Pensionskassen stimmen nicht immer mit den Zielen ihrer Anleger überein.

Ganz besonders deutlich wird dies auch bei der aktuellen Diskussion über eine *finanzielle Repression*: Der Staat versucht sich über einen negativen Realzins zu entschulden, indem er eine Inflation anstrebt und die Zinsen in Richtung Nullzins senkt.[11] Normalerweise würde man einen Aufschrei der großen Kapitalsammelstellen erwarten. Warum sind aber die Zeitungen nicht voll von derartiger Kritik? Dies liegt vermutlich daran, dass Lebensversicherungen – die mit Abstand größten Kapitalsammelstellen – von Inflation profitieren.

Auf der Passivseite der Bilanz stehen feste nominale Zahlungsverpflichtungen für Todesfälle, deren realer Wert sich mit Inflation reduziert. Auf der Aktivseite haben diese

Institute auch reale Anlagen wie Immobilien und Aktien, die von Inflation weitgehend verschont bleiben. Der Gewinn von Lebensversicherungsunternehmen steigt also bei Inflation. Die Interessen von Versicherten und Versicherungen sind somit nicht immer deckungsgleich.[12]

Außerdem haben institutionelle Anleger sehr enge gesetzliche Vorgaben im Hinblick auf ihre Portfolios. Zur Begrenzung von Systemrisiken müssen die institutionellen Anleger stets ausreichend Eigenkapital bei ihren Anlagen hinterlegen. Im Zuge der *Baseler Eigenkapitalregulierung* wurden 1988 Vorschriften für das Kapitalerfordernis einzelner Anlageklassen getroffen: Weil Politiker ihren eigenen Absatz von Staatsanleihen nicht benachteiligen wollen, müssen Staatsanleihen von OECD-Ländern mit 0% Eigenkapital unterlegt werden, gefolgt von Interbank-Krediten in OECD-Ländern (1,6%), Immobiliendarlehen (4%) und Unternehmensdarlehen (8%).[13]

Die Weiterentwicklung der Baseler Richtlinien sollte sinnvollerweise die Bonität der Schuldner sowie Risikodiversifizierung berücksichtigen. Dorothea Schäfer zeigte, dass die hierdurch gewonnenen Risikobudgets von den Banken durch eine Verdreifachung der Verschuldung wieder aufgezehrt wurden.[14] Den Politikern erzählte man, dass man nun das Risiko besser messen könne, aber tatsächlich nutzte man nun die schönere Kennzahl, um das Geschäft weiter mit Fremdkapital hochzufahren. Die guten Absichten der Politiker erwiesen sich als Bumerang, der das Risiko im Finanzsystem deutlich vergrößert hat.

Weil manche Banken eine Eigenkapitalquote von 1% bis 2% aufweisen, wurde mit der *Kernkapitalquote* eine neue Kennzahl gefunden, damit wieder eine Zahl in der Größenordnung von 10% bis 20% ausgewiesen werden kann. Hierzu werden diverse Korrekturen vorgenommen, insbesondere werden dabei »risikolose« Staatsanleihen herausgerechnet.[15]

Im Jahr 2013 war die Deutsche Bank mit einer Bilanzsumme von 2.880 Milliarden USD das größte Unternehmen der Welt.[16] Damals betrug die Marktkapitalisierung der Bank 43 Milliarden USD, was einer Eigenkapitalquote von 1,5% entsprach. Diese Bilanzsumme war zugleich das 1,13-Fache der deutschen Staatsschulden. Das größte Industrieunternehmen der Welt (bzw. die größte Nichtbank) war General Electric mit 694 Milliarden USD – auf Platz 23. Weil die Zinsen und damit auch die Zinsmarge über Jahrzehnte gesunken sind, haben die weltweiten Banken das Geschäft durch eine massive Ausweitung der Bilanzsummen kompensiert. Während deutsche Banken ihre Bilanzsumme reduzieren, liegen chinesische Banken inzwischen an der Weltspitze – aktuell ist dies die Industrial and Commercial Bank of China mit 3.435 Milliarden USD.

Aktienanlagen erfordern besonders viel Eigenkapital, weswegen sie tendenziell vermieden werden und bei kapitalschwachen Instituten erst gar nicht mehr möglich sind. Im Rahmen von sogenannten *Portfolio-Insurance*-Strategien werden Risikobudgets überwacht und bei entsprechenden Verlusten Positionen konsequent liquidiert, weil das jährliche Budget aufgebraucht ist.[17] Wenn der Aktienmarkt bereits im Januar -10% oder -15% verliert, müssen große Anleger verkaufen und dem Markt bis zum Geschäftsjahresende fernbleiben. Privatanleger können damit rechnen, dass große Käufer für das restliche Jahr ausbleiben.

Die Finanzmarktregulierung ist vielfach prozyklisch und zwingt Unternehmen zunehmend zu riskanten Strategien: Waren Staatsanleihen früher tatsächlich die risikolose Zinsanlage, sind sie allerspätestens seit der Eurokrise die *zinslose*

Risikoanlage geworden. Menschen mit gesundem Menschenverstand können nicht nachvollziehen, warum knapp die Hälfte aller Euro-Staatsanleihen inzwischen einen negativen Zins erwirtschaftet. Die massiven Ankäufe der Staatsanleihen durch die Europäische Zentralbank verzerren den Markt. Es ist sehr wahrscheinlich, dass die nächste Krise eine der größten Finanzblasen werden wird. Niemand kann jedoch sagen, wann diese Blase platzen wird.

Durch die gesetzlichen Vorschriften für die Großanleger und die Verzerrung des Marktes durch die Zentralbank kann der Markt allerdings sehr viel länger irrational bleiben, als man selbst solvent ist. Deswegen sollten Privatanleger vorsichtig bei makroökonomischen Wetten sein, insbesondere wenn dies einen kurzen Zeithorizont betrifft.

Die vielfach verwendete Duration-Kennzahl misst das Zinsänderungsrisiko einer Anleihe: Steigen die Zinsen, werden alte Anleihen mit niedrigeren Zinskupons unattraktiver und verlieren entsprechend an Wert. Die Kennzahl bewertet das Verhältnis aus Marktwertveränderung und Zinsänderung. Es wird jedoch nicht das Systemrisiko gemessen, das im Zeitverlauf immer größer wird: Je länger die Zinsen niedrig bleiben, umso mehr Schulden werden auf dem niedrigen Zinsniveau erneuert. Die absolute Fallhöhe wird daher immer größer. Die Situation ist vergleichbar mit einem Stausee, der immer voller wird und den Druck auf das Ventil stetig erhöht.

Neben all den komplexen Kennzahlen ist der beste Krisenindikator aber ganz einfach: Ein vernünftiger Mensch sieht sofort, dass die Differenzen in der beruflichen und der privaten Allokation von professionellen Portfoliomanagern wachsen. Wenn ein Fondsmanager einer Pensionskasse nur 2% Aktien für seine Kunden kauft (beziehungsweise kaufen darf), privat aber 90% Aktien in seinem Portfolio hält, gibt es offensichtlich Grund zur Sorge. Professionelle Marktteilnehmer wissen sehr wohl, dass die Systemrisiken steigen. Allerdings sind auch hier die gesetzlichen Rahmenbedingungen ein Hindernis für eine bessere Kapitalallokation. Ein Arzt, der seine Kinder nicht im eigenen Krankenhaus behandeln lässt, weil er die schlechten Hygienestandards kennt, würde von jedem Laien als eine rote Ampel gesehen werden.

An dieser Stelle soll explizit betont werden, dass die Finanzbranche genauso viele oder wenige kluge und anständige Manager beschäftigt wie alle anderen Branchen. Dass im Zuge der Finanzkrise Bankmitarbeiter in der öffentlichen Diskussion oftmals pauschal als gierig, unfähig oder unmoralisch bezeichnet werden, ist völlig falsch. Viele Verhaltensweisen sind durch Vorschriften vorgegeben.

Ein Grund für das besonders schlechte Image der Banken könnte höchstens darin begründet sein, dass die Auswirkungen von Missmanagement bei Banken größer als in anderen Branchen sind und schwarze Schafe viel schneller auffallen: Während bei allen Industrieunternehmen zunächst Kosten für die Produktentwicklung anfallen, die (hoffentlich) später durch den Verkauf der Produkte gedeckt werden können, funktioniert die Buchhaltung in der Bank genau *andersherum*: Zunächst entsteht bei der Kreditvergabe ein Umsatz, der erst dann später Kosten verursacht, wenn der Schuldner ausfällt. Ein schlechtes Quartal kann schnell überbrückt werden, wenn besonders großzügig Kredite an Schuldner mit schlechter Bonität vergeben werden. Die Schäden entstehen erst in der Folgezeit, meist beim nachfolgenden Geschäftsführer.

Der Finanzmarkt in Zahlen

Nachdem der Internationale Währungsfonds (IWF) seinen Mitgliedern 1976 die Aufhebung der Goldbindung der Währungen empfahl und damit Ende der 70er Jahre den »*Goldstandard*« auflöste, konnte die Geldmenge mehr oder weniger frei durch die Politik bestimmt werden. Bekämpfte der US-amerikanische Notenbankchef Paul Volcker die Inflation durch den Ölpreisschock in den 1970er Jahren noch mit steigenden Zentralbankzinsen – 1981 betrug der Leitzins über 19% –, wurden die Zinsen durch seine Nachfolger in den folgenden 30 Jahren bis auf null gesenkt.

Die Investmentbanken haben durch Verbriefung inzwischen knapp 12 Millionen Finanzprodukte geschaffen, die alle mehr Rendite als den risikolosen Zins versprechen. Je niedriger der Zins durch die Notenbank gesetzt wird, umso aufgeschlossener sind Sparer für »Finanzinnovationen«. Tatsächlich ist die Verbriefung und damit die Verteilung von Risiken auf viele Schultern eine gute Idee, um Risiken und damit Kapitalkosten zu reduzieren. Allerdings ist dies kein Selbstläufer und bringt stattdessen die große Gefahr von übermäßigen Informationsasymmetrien. Viele Anleger wissen gar nicht mehr, was sie kaufen.

Zwar liefern Firmen wie zum Beispiel *Thomson Reuters* ausgezeichnete Informationen und Nachrichten. Allerdings übersteigen die Informationskosten oftmals den kleinen Betrag, den Anleger anteilig in ihrem Portfolio halten. Sie haben daher auch kein echtes Kontrollinteresse und hoffen darauf, dass andere Anleger Kontrolle ausüben (»*Trittbrettfahrerproblem*«). Deswegen vertrauen viele Anleger auch auf das Urteil von Rating-Agenturen.

Die Finanzkrise in den USA hat jedoch gezeigt, dass hier vielfach falsche Einschätzungen von Rating-Agenturen vorlagen. Problematisch war besonders, dass die Auftraggeber der Rating-Agenturen oftmals auch die Verkäufer der Finanzinstrumente waren und deswegen keine unabhängige Einschätzung der Risiken stattfand.

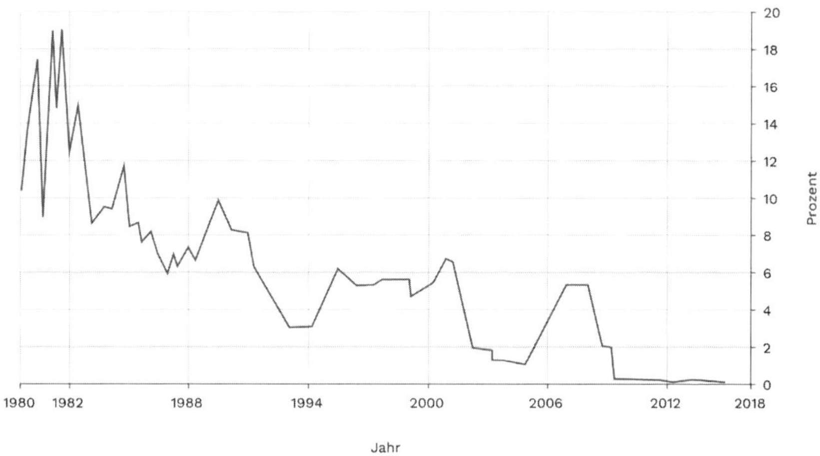

Abbildung 1: Federal-Funds-Rate von 1980 bis 2016

Insgesamt gibt es weltweit knapp 12 Millionen Finanzinstrumente. Bankmanager, die in ihrem Kerngeschäft sinkende Margen vorfinden, schaffen mit Hilfe von Finanzinnovationen auch neue Produkte, die wieder höhere Margen versprechen. Weil Standardisierung in jeder Branche zu Preiswettbewerb und damit zu sinkenden Margen führt, ist für viele Banken

Komplexität eine logische Reaktion. Abbildung 2 gibt einen Überblick über die weltweiten Finanzinstrumente.[18]

12 Millionen Instrumente umfassen außerdem weitaus mehr, als die weltweiten Sparer überhaupt Geld haben. Damit es in diesen Wertpapieren Kurse gibt, die ein Privatanleger handeln könnte, müssen Maschinen nach bestimmten Modellen künstliche Preise stellen. Oftmals handeln Maschinen mit Maschinen, weil es keine Privatanleger mehr gibt. In der sehr liquiden *Alphabet*-Aktie werden 99,7% aller Aufträge von Maschinen erteilt oder abgewickelt.[19]

Optionen	3.746.801
Zertifikate	2.990.581
Anleihen	1.934.057
Optionsscheine	1.293.834
Futures	565.656
Aktien	435.548
Fonds	307.351
Rohstoffe	258.616
Indizes	243.262
Indikatoren	70.807
Währungen	21.146
Zinsen	21.048
Swaps	20.450

Abbildung 2: Anzahl weltweiter Finanzinstrumente

Durch die immer weiter gesunkenen Zinsen ist auch die Zinsmarge der Banken kontinuierlich gesunken (siehe Abbildung 3). Die Banken haben hierauf durch die Ausweitung des Kreditgeschäfts reagiert. Dies gilt für den Privatsektor, aber insbesondere auch für Staaten. Die Globalisierung hat in den letzten Jahrzehnten Druck auf die Einkommen der Mittelschicht ausgeübt, weswegen die Staaten besonders fürsorgliche Sozialleistungen angeboten haben und sich hierfür stark verschuldet haben.

Angela Merkel hatte am 29. Juni 2012 in einer Regierungserklärung zu Stabilitätsunion, Fiskalvertrag und Europäischem Stabilitätsmechanismus darauf hingewiesen, dass wir in Europa nur 8,7% der Weltbevölkerung stellen, 25% des weltweiten Bruttosozialprodukts erwirtschaften, aber 50% der weltweiten Sozialleistungen haben.[20]

Eine aktuelle McKinsey-Studie beziffert die weltweite Verschuldung mit 199 Billionen USD und damit 57 Billionen USD höher als zu Beginn der Finanzkrise 2007. Dies entspricht 286% der weltweiten jährlichen Wirtschaftsleistung.[21]

Durch die extrem gestiegenen Schulden hat sich das Risiko im Finanzsystem stark erhöht. Es wäre aber völlig falsch und zu einfach, den Banken hierfür die alleinige Schuld zu geben. Vielmehr sind es weite Teile der Gesellschaft, die Kredite aufgenommen haben und diese ähnlich wie Staaten nicht ernsthaft tilgen (wollen). Viele Immobilienkredite sind gar nicht auf eine Volltilgung ausgelegt. Weder die Bank hat ein Interesse, einen neuen Kunden zu suchen, noch der Kreditnehmer möchte einen Kredit tilgen, wenn er ihn leicht durch sein laufendes Einkommen bedienen kann.

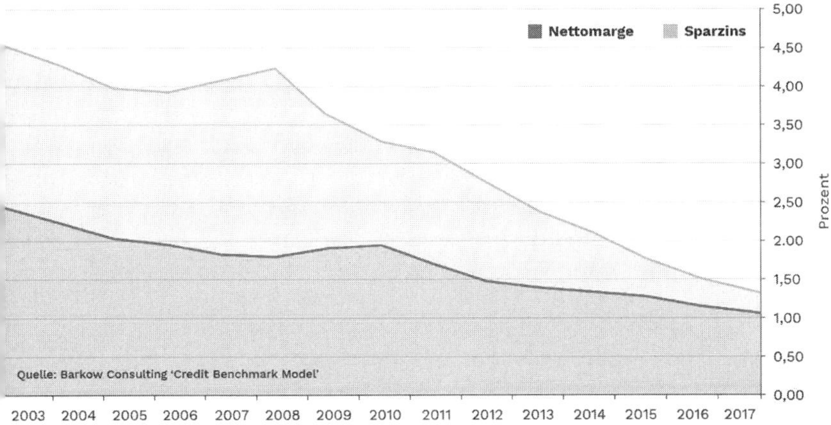

Abbildung 3: Sparzins und Nettomarge in Deutschland

Die in der Öffentlichkeit oftmals kritisierten Bankboni sind übrigens die logische Konsequenz des Gesamtsystems. Wenn die Zinsen über 30 Jahre lang sinken und über die Staatenfinanzierung den Banken eine erhebliche Marge – ohne Eigenkapitalhinterlegung – in der Bilanz zugestanden wird, steigen zwangsläufig die Gewinne und damit die Vergütungen in der Bankbranche. Daher wundert es auch nicht, dass die Boni in den letzten Jahren stark gestiegen sind (siehe Abbildung 4).

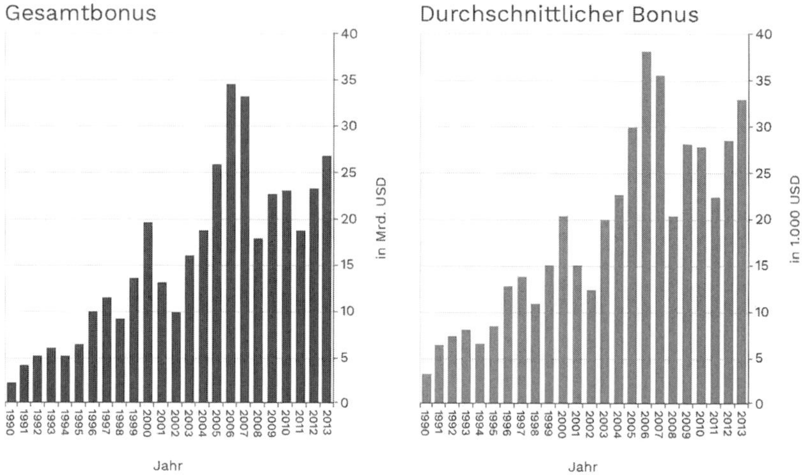

Abbildung 4: Bonuszahlungen für Bankangestellte an der Wall Street

Staaten finanzieren sich heute nicht direkt über ihre Notenbank, sondern verkaufen Anleihen an Banken. Aufgrund der regulatorischen Sonderregeln müssen Investitionen in Staatsanleihen nicht mit Eigenkapital unterlegt werden. Hierdurch können Banken ohne Aufwand große Gewinne erwirtschaften, weil die Risiken regulatorisch ausgeblendet werden können.

Heute könnte man bei der Europäischen Zentralbank für 0% Zins Geld leihen und einjährige griechische Staatsanleihen für knapp 8% kaufen. Würde eine Großbank 1 Milliarde EUR durch die eigene Bilanz laufen lassen, würden knapp 80 Mio. EUR »Gewinn« entstehen. Die aktuellen Negativzinsen bei den meisten Staatsanleihen und das offensichtliche Risiko-Szenario bei Griechenland-Anleihen machen diese Staatenfinanzierung aktuell unattraktiv. Allerdings war dies über Jahrzehnte eine große Gewinnquelle für viele Banken.

In gewisser Weise sind die dadurch entstehenden Bankgewinne auch politisch gewollt, weil sie die Eigenkapitalbasis der Banken stärken und damit das Kreditgeschäft stabilisieren.

Seit Ausbruch der Finanzkrise haben die westlichen Notenbanken ihre Bilanzsummen verfünffacht (siehe Abbildung 5), um die Finanzmärkte zu stabilisieren. Durch den Ankauf von Staatsanleihen wurden die Zinsen gesenkt, weil viele Staaten ihre Staatsschulden sonst nicht mehr bedienen könnten.

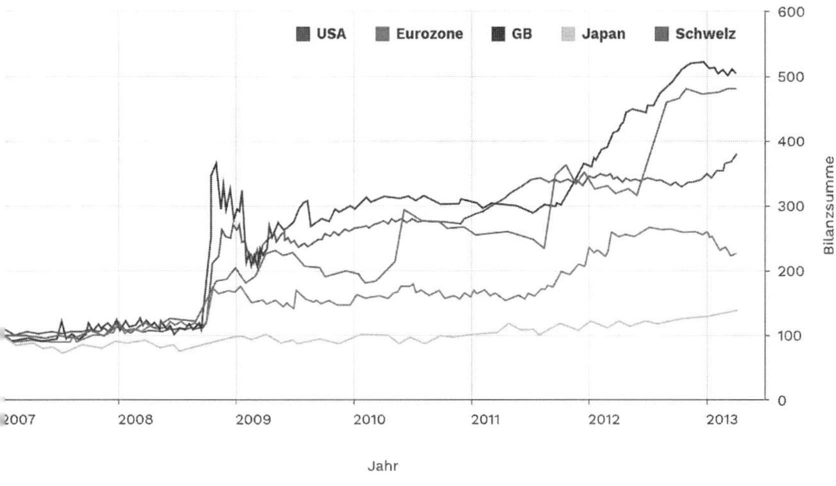

Abbildung 5: Entwicklung von Zentralbankbilanzen seit 2007 (lokale Währung, Nominierung auf 100 in 2007)

Die Börse als Schönheitswettbewerb

Einer der bedeutendsten Ökonomen des 20. Jahrhunderts war der Brite John Maynard Keynes (1883–1946). Keynes beschrieb das Börsengeschehen als Schönheitswettbewerb. Schönheit entsteht bekanntlich im Auge des Betrachters und ist sehr subjektiv. Gäbe es einen Wettbewerb, die schönste Frau zu benennen, wäre es klug, die eigenen Vorstellungen von Schönheit nicht zu verallgemeinern. Es gibt kein objektives Maß für Schönheit. Vielmehr geht es darum zu antizipieren, wie sich die anderen Teilnehmer der Wahl entscheiden werden.

Erfolg an der Börse wird deswegen durch Einfachheit und nicht durch Komplexität bestimmt. Wer eine unterbewertete Aktie durch komplexe Formeln findet, muss damit rechnen, dass er mit seiner Meinung allein bleibt. Wer dagegen eine Unterbewertung findet, die für die Masse wegen einfacher Kriterien offensichtlich ist, hat größere Chancen, dass andere Personen diese Aktie auch kaufen und sich deren Wert erhöht. Leider neigen die meisten Menschen dazu, einfache Dinge sehr komplex zu machen. Je mehr Menschen nachdenken, desto mehr Eventualitäten ziehen sie in Erwägung und desto schwieriger wird die Entscheidungssituation.

Bei Intelligenztests wird oftmals die Vervollständigung von Folgen abgefragt. Besonders intelligente Menschen würden die Folge »*2, 4, 6, 8, ?*« mit »*34*« fortsetzen. Dies ist zwar formal richtig, weil die *n-te Zahl* das Ergebnis dieser Folge ist: $n^4 - 10n^3 + 35n^2 - 48n + 24$. Natürlich würde aber jeder normale Mensch die Folge *2n* und damit die Zahl *10* erwarten.[22] Eine derartig komplexe Folge ist gewiss kein intuitives Ergebnis beim Kopfrechnen, allerdings werden solche Zusammenhänge gefunden, wenn man mit Data-Mining-Methoden maschinell vorgeht.

Tatsächlich liegt in der Kürze und in der Einfachheit der wahre Wert. Von Johann Wolfgang von Goethe stammt das schöne Zitat: »Für die Kürze fehlte mir die Zeit.« Nur, wer sich kurzfassen kann, hat richtig nachgedacht.

Kluge Investoren hinterfragen Zahlen, indem sie Mitarbeiter, Kunden und Wettbewerber eines Unternehmens befragen. Hierdurch bekommt man meistens einen sehr guten Überblick über die Perspektiven der anderen und damit sozusagen für die »Kriterien« beim Schönheitswettbewerb.

Es ist unstrittig, dass das Modell des Nobelpreisträgers Myron Scholes und von Fischer Black – er verstarb bereits 1995 und konnte deshalb den Nobelpreis im Jahr 1997 nicht mehr verliehen bekommen – zur Bewertung von Optionen keine realen Annahmen trifft.[23] Die dort getroffene Annahme einer Normalverteilung (eine symmetrische Wahrscheinlichkeitsverteilung für Schwankungen) ist falsch, weil Kapitalmärkte viel zu häufig extreme Kursschwankungen aufweisen. Aktienpreise brechen stärker ein, als sie kurzfristig nach oben springen. Trotzdem wird das Modell von der Praxis aufgrund seiner Einfachheit derart häufig verwendet, dass es darüber eine praktische Relevanz gewinnt.

Man spricht hier von einer *selbsterfüllenden Prophezeiung*: Erwartet jemand ein bestimmtes Verhalten von seinem Gegenüber, erzwingt er durch sein eigenes Verhalten genau dieses Verhalten. Wenn alle das gleiche Modell verwenden, wird am Schluss auch der Preis erzielt, den das Modell vorhersagt. Die Formel ist sozusagen ein Schönheitsideal, das sich in den Köpfen der Marktteilnehmer etabliert hat.

Wirtschaftswissenschaften sind wie andere Sozialwissenschaften zudem selbstbezüglich:[24] Während in den Naturwissenschaften Aussagen exakt sind und Experimente reproduziert werden können (ein Stein fällt immer mit der gleichen Geschwindigkeit zu Boden), gilt dies hier nicht. Wer eine Umfrage nach der Schönsten durchführt und das Ergebnis kundgibt, wird bei einer Wiederholung der Umfrage andere Ergebnisse erzielen. Die Befragungsteilnehmer reflektieren ihre ersten Aussagen und ändern diese bei einer neuen Umfrage. Aufgrund dieser Dynamik ist es sehr wichtig zu verstehen, wie Menschen Informationen aufnehmen und umsetzen.

Die Marktarithmetik

Der Nobelpreisträger William Sharpe zeigte, dass das durchschnittliche Anlageergebnis aktiver Portfoliomanager gleich dem Erfolg des Index (der Bezugswert bzw. die sogenannte »Benchmark«) minus den durchschnittlichen Kosten sein muss.[25] Wenn nämlich ein Fondsmanager eine Aktie gegenüber einem Index übergewichtet, muss es irgendwo einen Fondsmanager geben, der eine entsprechende Untergewichtung hält. Die aggregierten Differenzen gegenüber dem Index sind ein *Nullsummenspiel.*

Wenn es aktive Fondsmanager gibt, die einen Mehrwert erzielen, muss es gleichzeitig aktive Fondsmanager geben, die entsprechend verlieren. Der durchschnittliche aktive Fondsmanager kann daher nur die Indexrendite erzielen. Weil aber jeder Fonds Kosten verursacht, muss die aktive Rendite gleich der Indexrendite minus Kosten sein. Passive Investoren erzielen ebenfalls die Benchmarkrendite abzüglich Kosten. Allerdings sind deren Kosten deutlich niedriger als bei aktiven Managern, weswegen im Aggregat Indexfonds klassischen Investmentfonds überlegen sind.

Kenneth French zeigt, dass Anleger in den USA von 1980 bis 2006 im Durchschnitt 0,67% pro Jahr Gebühren für die Suche nach Überrenditen bezahlten.[26] Wenn man den Gegenwartswert dieser Zahlungsströme mit Hilfe der sogenannten Barwertmethode berechnet, kostet die Volkswirtschaft aktives Portfoliomanagement in etwa 10% der gesamten

Marktkapitalisierung. Volkswirtschaftlich wird also ein Zehntel der gesamten Wirtschaftsleistung für die Informationsbeschaffung und für die Selektion von Investitionsprojekten aufgewendet.

Empirisch ist es tatsächlich so, dass die meisten Fondsmanager gegen ihre Benchmark verlieren. Je länger der Anlagehorizont ist, umso wahrscheinlicher ist eine Zielverfehlung (»*Underperformance*«) des Fonds. Wieso gelingt es aktiven Fondsmanagern trotzdem, regelmäßig neues Geld einzuwerben? Dies liegt daran, dass einzelne Fonds tatsächlich eine sehr gute Entwicklung aufzeigen. Dies liegt aber auch daran, dass die gesamte Fondsindustrie durch eine systematische Verzerrung gekennzeichnet wird, die aktive Fondsmanager besser erscheinen lässt.

Weil zu jedem Betrachtungszeitpunkt nur Fonds bewertet werden, die »überlebt« haben, wird die Rendite aller schlechten und geschlossenen Fonds nicht berücksichtigt (siehe hierzu Kapitel 14). Gute Marktdatenanbieter behalten daher historische Daten in ihren Systemen, auch wenn zukünftig keine weiteren Kurse geliefert werden.

Christopher Philips et al. zeigen, dass die Wahrscheinlichkeit einer Underperformance von Fonds mit zunehmendem Zeithorizont steigt und langfristig höchstwahrscheinlich ist (Abbildung 6).[27] Wenn man also als Privatanleger keine geeignete Auswahl von Fondsmanagern mit besonderen Fähigkeiten treffen kann, ist ein Indexfonds verbunden mit niedrigen Managementgebühren die bessere Wahl.

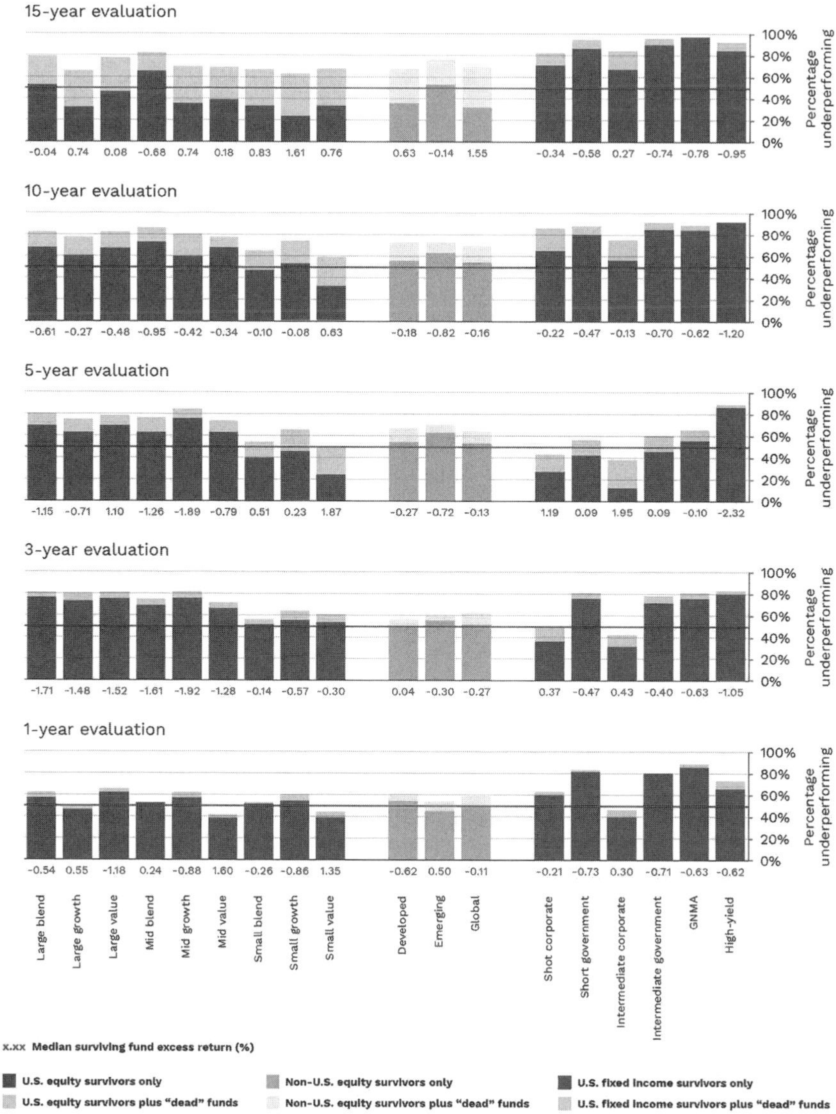

Abbildung 6: Performance von aktiven Fonds im Vergleich zur Benchmark

Wenn es jedoch nur passive Anlagen gäbe und niemand die Fundamentaldaten der Unternehmen prüfen würde, wäre der Kapitalmarkt nicht effizient. Bei aller Kritik an aktivem Portfoliomanagement kann insgesamt hierauf jedoch nicht völlig verzichtet werden. Je mehr Indexfonds entstehen, desto stärker wird ab einem gewissen Zeitpunkt das Pendel in Richtung aktives Management zurückschwingen.

Aktive Portfoliomanager schaffen meistens in solchen Märkten einen Mehrwert, in denen noch kein großer Wettbewerb besteht.[28] Dies sind vorwiegend Nischen oder kleinere Märkte. Der kanadische Aktienmarkt zum Beispiel hat viel weniger Konkurrenz als der US-amerikanische, obwohl beide Märkte in der gleichen Zeitzone liegen und Nachrichten in der gleichen Sprache geschrieben werden.[29]

Ebenso können aktive Manager dann sinnvoll sein, wenn Anlagestrategien dynamische Anpassungen erfordern. Institutionelle Anleger gründen daher oftmals Spezialfonds, die nach ihren individuellen Vorgaben gesteuert werden.

Risiko und Risikoprämien

Risiko ist das Informationsdefizit über das Erreichen von Zielen.[30] Man kann das Risiko senken, indem man die Ziele senkt oder indem man sich mehr Informationen über die Investition beschafft. Letzteres ist oftmals schwierig, weil man als Außenstehender nicht alle Daten bekommt. Das Risiko bei einer Anlage kann man aber auch reduzieren, indem man den Anlagebetrag auf mehrere Investments streut. Eine solche *Diversifikation* schützt vor Unwissenheit.

Wie Anleger Risiken sehen, ist individuell verschieden. Grundsätzlich sind die meisten Anleger jedoch risikoscheu und erwarten bei der Übernahme von Risiken eine Prämie gegenüber der sicheren Anlage. Wenn riskante Anlagen wie Aktien nicht mehr Rendite erbringen als die sichere Anlage, werden risikoscheue Anleger keine Aktien mehr kaufen. Folglich werden sich deren Kurse verbilligen, bis die Dividendenrendite wieder entsprechend attraktiv wird. Dieser Anpassungsprozess gilt langfristig.

Man kann jedoch hierfür keinen genauen Zeitraum festlegen. Es gibt Studien, die diesen Zeitraum mit etwa 10 Jahren bezeichnen. In den letzten 200 Jahren gab es kein 30-Jahre-Intervall, in dem Aktien schlechter waren als Anleihen. Aufgrund der massiven Zinssenkung über die letzten 30 Jahre (siehe Abbildung 1) hatten Anleihen eine goldene Zeit, die sich nicht mehr wiederholen wird – es ist schwer vorstellbar, dass die Zinsen weit unter null sinken werden.

Einen sehr langen Datensatz für unterschiedliche Anlageklassen hat Jeremy Siegel in seinem Buch *Stocks for the Long Run* veröffentlicht (Abbildung 7).

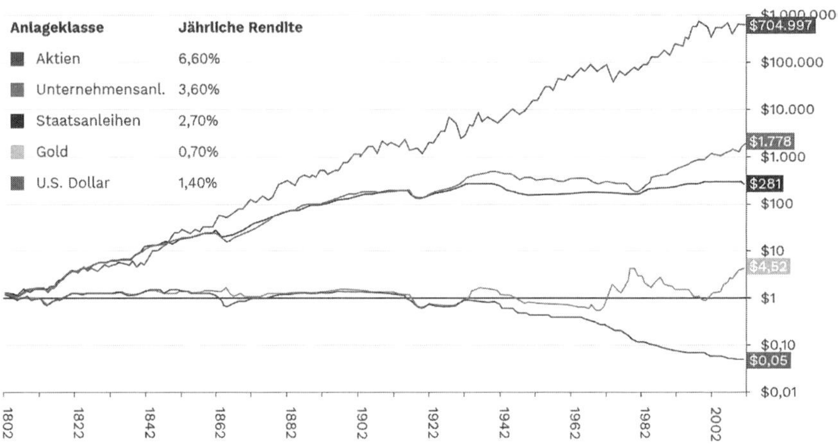

Abbildung 7: Rendite einzelner Assetklassen im Zeitraum 1802–2012

Langfristig dominiert die Aktienanlage alle anderen Anlageklassen. Weil Gold keine Zinsen oder Dividenden bringt, wird auch kein Zinseszins erwirtschaftet. Langfristig ist Gold eine sehr schlechte Anlage und bringt fast gar keine Rendite. In der Grafik von Jeremy Siegel sind Lagerhaltungskosten noch nicht einmal berücksichtigt.

Je länger der Anlagehorizont ist, umso eher gleichen sich schlechte und gute Phasen aus, weswegen sich die durchschnittliche Rendite pro Jahr immer mehr an ihren langfristigen Mittelwert annähert. Wenn eine Münze mit »-1« und »1« einmal geworfen wird, liegt die Bandbreite der Ergebnisse eben zwischen -1 und 1. Wirft man dagegen die Münze 100-mal, wird das durchschnittliche Jahr ziemlich sicher nahe bei

0 liegen – das »Gesetz der großen Zahlen« sorgt dafür, dass sich die relative Häufigkeit eines Zufallsergebnisses um die theoretische Wahrscheinlichkeit stabilisiert. Abbildung 8 veranschaulicht die zeitliche Diversifikation von Risiken.

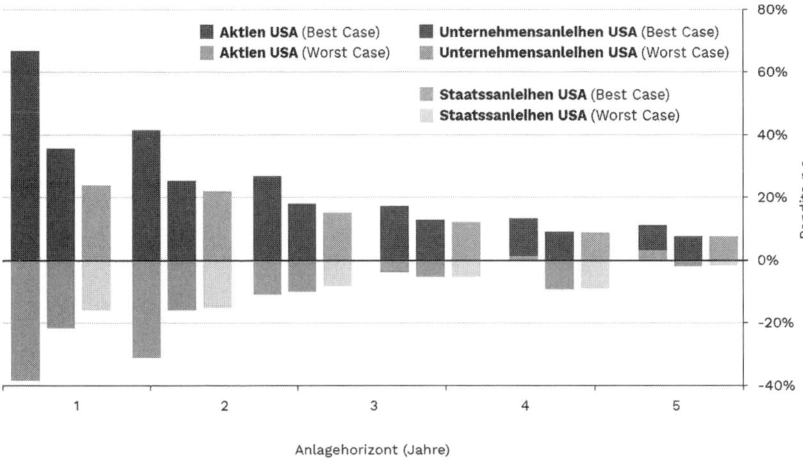

Abbildung 8: Zeitliche Diversifikation

Die meisten Kapitalanleger sind jedoch kurzfristig orientiert und überbewerten daher das Risiko. Institutionelle Anleger müssen alleine schon wegen der Bilanzstichtage in 1-Jahres-Intervallen denken. Aber auch viele Finanzinstrumente werden nur kurzfristig ausgegeben. Obwohl Staatsanleihen Laufzeiten von bis zu 30 Jahren aufweisen, sind knapp zwei Drittel der nominalen Staatsschulden innerhalb von 5 Jahren fällig.

Versichert man sein Portfolio mit Hilfe von Verkaufsoptionen (»Puts«) gegen Verluste, so ist eine 10-Jahres-Versicherung deutlich günstiger als 10 aufeinanderfolgende 1-Jahres-Versicherungen. Dies liegt daran, dass der Optionspreis nicht linear mit der Zeit ansteigt. Längerfristige Schwankungen gleichen sich aus, weswegen langlaufende Versicherungen weniger Prämien erfordern. (Privat-)Anleger mit weitgehend flexiblen Anlagezeiträumen haben daher einen entscheidenden Vorteil und können alleine schon über die gesparte Versicherungsprämie im Beispiel mit dem »Langfristvertrag« zusätzliches Geld verdienen.

Die langfristige Rendite entsteht zum großen Teil daraus, zur richtigen Zeit die richtige Anlageklasse gewählt zu haben (»*Timing-Fähigkeit*«).[31] Der kleinere Anteil stammt aus der Auswahl der besten Instrumente aus der jeweiligen Anlageklasse (»*Selektionsfähigkeit*«). Es ist daher entscheidend, die Rendite und das Risiko von Anlageklassen zu schätzen und diese im Zeitverlauf zu steuern, was im nachfolgenden Kapitel gezeigt wird.

Die Bedeutung des Anlagehorizonts

Die Frage, wie ein Anleger das Risiko im Verlaufe seines Lebens idealerweise steuert, war lange Zeit ein großer Streitpunkt in der Kapitalanlage. Praktiker hatten schon immer für die Aktienquote die Formel *»100 minus Lebensalter«* angewandt. Ein junger Anleger könne ein höheres Risiko tragen, weil er einen Aktiencrash besser aufholen könne. Der Ökonomie-Nobelpreisträger Paul Samuelson hat jedoch mit seinem berühmten Irrelevanztheorem eine konstante Aktienquote empfohlen.[32] Junge Anleger hätten nicht nur höhere Chancen, einen Crash aufzuholen, sondern eben auch einen Crash zu erleben.

Lange Zeit gab es diesen Widerspruch zwischen Theorie und Praxis, der Anfang der 2000er Jahre Gegenstand weiterer Forschungsarbeiten wurde.[33] Die Praktikerregel ist mit der Modellwelt Samuelsons doch vereinbar, wenn man in das Vermögen des Anlegers dessen Humankapital einbezieht. Das gesamte Vermögen eines Menschen besteht nämlich aus dessen Finanzvermögen sowie dessen zukünftigem Einkommen.

Ein junger Anleger hat meist kein Finanzvermögen, dafür aber eine gute Ausbildung und ein langes Berufsleben vor sich. Im Laufe seines Lebens verwandelt sich das Humankapital in Finanzvermögen, bis es im Ruhestand schließlich null ist. Erfüllt man die Forderung der Theorie und hält das Risiko konstant, so muss man praktisch in jungen Jahren trotzdem ein höheres Risiko im Depot haben, weil man Aktien eben nur mit Finanzkapital kaufen kann. Je höher das Finanzvermögen wird, umso geringer wird die dort gemessene Aktienquote.

Bei der Kapitalanlage machen viele Menschen außerdem den Fehler, dass sie Verfügbarkeit und Anlagehorizont verwechseln. Es ist sehr wichtig, dass man klare Ziele verfolgt und für diese Ziele einen festen Zeithorizont plant. Geld wird an den Kapitalmärkten meistens nicht durch Kaufen und Verkaufen verdient, sondern im Wesentlichen durch das Halten von Wertpapieren – und damit durch das Vereinnahmen von Risikoprämien.

»Seien Sie sich bewusst, dass gute Dinge Zeit brauchen, und versuchen Sie nicht, die Zeit zu beschleunigen. Man kann kein Kind in einem Monat bekommen, indem man 9 Frauen gleichzeitig schwängert.« (Zitat von Warren Buffett)

Die Effizienzmarkthypothese

Bereits 1970 wurde von Eugene Fama die fundamental geprägte Effizienzmarkthypothese begründet, für die er 2013 den Nobelpreis erhielt.[34] Finanzmärkte seien demnach effizient, wenn vorhandene Informationen bereits in den Kursen verarbeitet sind und niemand dauerhaft überdurchschnittliche Gewinne erzielen kann.

Fama geht davon aus, dass die Marktteilnehmer rational sind und mit gleichen Informationen agieren. Bei einer *schwachen* Informationseffizienz sind alle historischen Informationen in den Kursen verarbeitet, weswegen die technische Chartanalyse wertlos ist. Bei einer *mittelstarken* Informationseffizienz sind alle öffentlich verfügbaren Informationen in den Kursen verarbeitet, und bei der *starken* Informationseffizienz ist selbst Insiderhandel nicht gewinnbringend.

Empirische Studien bestätigen meist die schwache und mittelstarke Informationseffizienz.[35] Es herrscht jedoch auch weitgehend Einigkeit, dass eine starke Effizienz in der Realität nicht vorliegt. Bei der Veröffentlichung besonders wichtiger Informationen sind regelmäßig sehr starke Kursveränderungen zu beobachten. Solche Informationen können nicht vorher in den Kursen eingepreist gewesen sein.[36]

Dass Kapitalmärkte gar nicht völlig effizient sein können, liegt auch am *Informationsparadoxon*: Wären Märkte nämlich effizient, könnten kostenintensive Informationen gar nicht durch Gewinne refinanziert werden und würden unterbleiben. Folglich kann der Markt auch nicht mehr alle Informationen verarbeitet haben, weil diese ja nicht beschafft worden sind.

Aus Sicht der Effizienzmarkthypothese dürfte es einen Anlageerfolg wie den von Warren Buffett gar nicht geben (siehe hierzu Kapitel 21). Vertreter der Markteffizienzhypothese interpretieren seine Performance als reines Glück. Ständig angesprochen auf die Effizienzmarkttheorie veröffentlichte Buffett 1984 anlässlich des 50-jährigen Jubiläums des Erscheinens des Buchs *Security Analysis* seinen berühmten Artikel *The Superinvestors of Graham-and-Doddsville*.

Er wies darauf hin, dass alle mit ihm befreundeten Investoren, die auch das Buch seiner Lehrmeister Benjamin Graham und David Dodd gelesen hatten, ähnlich hohe Überrenditen erwirtschaftet haben. Er begründet dies durch eine sehr strenge Befolgung der »*Value Investing*«-Strategie und weist jeglichen Zufall oder Glück zurück.

Angesichts der vielen empirischen Beobachtungen von Marktineffizienzen sah sich Fama im Jahr 1998 gezwungen, seine einstige Sichtweise zu überarbeiten. Er gibt zu, dass es Phasen von Übertreibungen und Untertreibungen gibt, weist aber darauf hin, dass deren Abfolge zufällig ist. Markteffizienz heißt in diesem Kontext nicht, dass es keine Marktanomalien gibt. Vielmehr bedeutet sie aus seiner Sicht nun, dass man die zufällige Abfolge der Ineffizienzen nicht systematisch gewinnbringend ausnutzen kann.

Wissenschaftliche Renditeanomalien

Im Zentrum der Finanzmarkttheorie steht das sogenannte Kapitalmarktgleichgewichtsmodell (»*Capital Asset Pricing Model*«).[37] Unter idealtypischen Annahmen – rationale Investoren, gleichmäßige Erwartungen und keine Kosten – gibt es im Gleichgewicht eine lineare Beziehung zwischen Rendite und Risiko. Nur wer zusätzliches Risiko übernimmt, kann mehr Rendite erwarten.[38] Empirisch gibt es jedoch eine Vielzahl von Abweichungen, weil Kapitalmärkte oftmals keine idealen Bedingungen aufweisen.

Rolf Banz zeigte erstmals, dass kleinere Unternehmen eine höhere Rendite als größere Unternehmen aufweisen (»*Size-Effekt*«).[39] Tatsächlich kann man mit kleineren Unternehmen höhere Renditen erzielen, weil der Wettbewerb um Informationsvorteile dort geringer ist. Weil das investierbare Volumen bei kleinen Unternehmen sehr beschränkt ist und damit kostenintensiver Research schlechter refinanziert werden kann, verzichten insbesondere große Fondsgesellschaften auf diese Nische.

Langfristig schneiden Substanzwerte mit niedrigen Bewertungen besser als Wachstumswerte ab, was in der Literatur als »*Value Premium Puzzle*« bezeichnet wird.[40] Dies liegt einerseits am »institutionellen Imperativ«, wonach Fondsmanager tendenziell der Masse folgen und überteuerte »*Glamour*

Stocks« kaufen.[41] Andererseits sind viele Investoren zu optimistisch und extrapolieren vergangene Trends oder historische Wachstumsraten zu lange in die Zukunft.[42]

Im Jahr 2000 wurde *Cisco*, ein US-amerikanisches Unternehmen aus der Telekommunikationsbranche, mit einem Kurs-Gewinn-Verhältnis von 120 gehandelt und erreichte eine Marktkapitalisierung von 465 Milliarden USD. Analysten sahen die Firma bereits als erstes 1-Billionen-USD-Unternehmen weltweit, obwohl die damalige Bewertung bereits das 3-Fache des Bruttosozialprodukts von Kalifornien betrug.[43] Anschließend brach der Kurs um -85% ein, und auch heute notiert die Aktie -64% unter ihrem Allzeithoch vor 16 Jahren.

Kurzfristig gilt dies jedoch nicht, weswegen der sogenannte *Momentum-Effekt* beobachtet wird: Aktien, deren Kurse bereits gestiegen (gefallen) sind, steigen (fallen) kurzfristig weiter. Diese Beobachtung steht nicht im Einklang mit der Effizienzmarkthypothese. Vielmehr kann die Marktwertgewichtung von Aktien in den meisten Indizes eine Erklärung liefern.[44] Aktien, die steigen (fallen), müssen weiter gekauft (verkauft) werden, weil sie im Index einen höheren (niedrigeren) Anteil bekommen.

Werner De Bondt und Richard Thaler zeigten in einer viel beachteten Arbeit, dass der Kauf von Verliereraktien und der gleichzeitige Leerverkauf von Gewinneraktien (das sogenannte *Winner-Loser-Portfolio*) aufgrund von Überreaktionen der Marktteilnehmer zu einer signifikanten Überrendite führt.[45] Diese Strategie wird in der Literatur auch als *Contrarian-Strategie* bezeichnet und gehört zu den am meisten beachteten Anomalien der 1980er Jahre. Diese Strategie entspricht der Börsenweisheit »Sei gierig, wenn alle anderen ängstlich sind, und sei ängstlich, wenn alle anderen gierig sind«.

Viele Modelle der modernen Finanztheorie unterstellen einen zufälligen Prozess für die Renditen (»*Random Walk*«), so dass kein Zusammenhang zwischen Tagen und Renditen bestehen sollte. Empirisch werden jedoch oft Anomalien für einzelne Zeitfenster festgestellt, die als *Kalendereffekte* bezeichnet werden. Die Kalenderzeithypothese unterstellt, dass die Renditen an jedem Kalendertag erwirtschaftet werden, was dem Montag eine besondere Rolle zukommen lässt:

Weil seit Handelsschluss am Freitag 2 handelsfreie Tage vergangen sind, sollten die Renditen das 3-Fache eines normalen Wochentages betragen. Dem steht die Handelszeithypothese gegenüber, dass Renditen nur während der Börsenöffnung erwirtschaftet werden und damit an jedem Werktag gleich verteilt sein müssen.

Michel Dubois und Pascal Louvet untersuchten die Renditen in 9 Ländern von 1969 bis 1992.[46] Mit Ausnahme von Australien wurde am Montag im Durchschnitt eine negative Rendite beobachtet. Stets war der Montag zudem der schlechteste Tag in der Woche. Josef Lakonishok und Edwin Maberly zeigten, dass Individuen am Montag tendenziell mehr Verkaufstransaktionen als Käufe tätigen, weil sie in ihrer Entscheidung häufig von Brokern beeinflusst werden.[47] Diese Broker sprechen mehrheitlich Kaufempfehlungen aus, weil sie Provisionen für den Absatz von Aktien erhalten. Am Montagmorgen haben viele Anleger ein paar Tage Abstand von dieser Verkaufsmaschinerie und neigen daher eher zum Abbau von Positionen.

Eine andere Erklärung ist aber noch einleuchtender: Wenn ein Unternehmen eine besonders schlechte Nachricht hat, wird diese nach Möglichkeit nicht zur besten Handelszeit, sondern am Freitagnachmittag gemeldet, um dem Markt eine gewisse Zeit für die Verarbeitung zu geben. Wenn zudem große Unternehmen in Schieflage geraten – wie dies in der Finanzkrise der Fall war –, werden meist für das Wochenende Krisensitzungen einberufen. Entsprechend groß ist daher die Nervosität am Montag.

Ein im Langfristvergleich besonders günstiger Monat für Aktienanlagen ist der Januar. Institutionelle Anleger neigen aus steuerlichen Gründen dazu, alle verlustbringenden Aktien des Gesamtjahres kurz vor Jahresende zu verkaufen und diese kurz danach wieder zurückzukaufen (»*Window Dressing*«).[48] Dieser Effekt ist bei kleineren Aktien mit geringerer Liquidität größer. Im Januar werden zudem neue Risikobudgets für institutionelle Anleger festgelegt, so dass für Anleger mit Vorjahresverlust ein Wiedereinstieg möglich wird.

Eine beliebte Methode, um kurzfristige Trading-Gelegenheiten zu finden, ist die technische Aktienanalyse, die im nachfolgenden Kapitel dargestellt wird.

Technische Aktienanalyse

Die Technische Aktienanalyse wird auch als Chartanalyse bezeichnet und wurde von Charles Dow im Jahr 1896 begründet.[49] Es wird hierbei versucht, aus der Kurs- und Umsatzhistorie die Kursentwicklung zu prognostizieren. Sie wird von der Fundamentalanalyse unterschieden, wo Wertpapiere aufgrund betriebswirtschaftlicher Daten und des ökonomischen Umfeldes bewertet werden.

Charles Dow ging davon aus, dass sich Finanzmärkte zyklisch verhalten und gewissen Mustern folgen. Diese Ansicht wurde von Ralph Nelson Elliott zur Theorie der Elliott-Wellen weiterentwickelt.[50] Die große Verbreitung der Chartanalyse begann aber erst in den 1980er Jahren, als die Computertechnologie für die breite Bevölkerung verfügbar wurde.

Die Technische Analyse setzt voraus, dass die Märkte ineffizient sind. Entsprechend stark wird in der Finanzwissenschaft über die Erfolgschancen von technischen Analysten diskutiert. Scott Irwin und Cheol-Ho Park haben einen umfassenden Überblick über 95 wissenschaftliche Studien erstellt.[51] Hiervon finden 56 Studien positive Ergebnisse, 20 negative und 19 Studien finden gemischte Ergebnisse. Die positiven Studien sind meistens frühe Studien der Finanzmarktforschung, die negativen Studien sind meistens jüngeren Alters.

Viele der negativen Studien unterstellen *Data-Snooping*- oder *Data-Dredging*-Probleme, wenn mit *Data-Mining*-Methoden

Muster aus Zeitreihen gefunden werden sollen. Wenn man nur lange genug Daten auswertet, werden sich immer Zusammenhänge finden lassen. Jeder Datensatz enthält zufällige Muster, die nicht aussagekräftig sind.

An dieser Stelle sei nochmals auf das Beispiel aus Kapitel 5 verwiesen, wo die Zahl *34* ein richtiges Vervollständigen der Folge »*2, 4, 6, 8, ?*« darstellt – die Zahl *34* ist nämlich das Ergebnis der Folge $n^4 - 10n^3 + 35n^2 - 48n + 24$. Freilich würde man die Folge *2n* und damit die Zahl *10* erwarten.[52]

Deswegen müsste man die Erstellung und das Testen von Thesen mit unterschiedlichen Datensätzen durchführen, was aber in den meisten Rückrechnungen nicht der Fall ist. Es gibt eben nur eine historische Zeitreihe, die das Ergebnis eines unbekannten Zufallsprozesses ist. Wenn man Teilmengen aus dieser Zeitreihe wie etwa Aktienpreise von BMW in den 1980er Jahren und BMW-Kurse aus den 1990er Jahren wählt, kommen schnell andere Probleme auf, weil die Teilperioden andere Rahmenbedingungen aufweisen.

In Datensätzen aus dem Hochfrequenzhandel sieht man, dass der Handel nicht gleichmäßig über die Zeit erfolgt. Bei 10, 100 oder 1.000 Nanosekunden erfolgt viel häufiger eine Aktion als in einer Zeitspanne dazwischen, weil Softwareentwickler in ihrem Programm eine (meistens runde) Zahl in den Code eintippen müssen. Genauso werden Handelsmodelle mit klaren Kursmarken bestückt, die von Entwicklern vorgegeben werden.

Besonders interessant sind daher Kombinationen aus technischer und fundamentaler Analyse. Wenn man aufgrund von Fundamentaldaten eine Unterbewertung findet und technische Indikatoren einen Trendkanal anzeigen, kann dies ein

Anzeichen für einen »*Value Event*« sein. Andere Anleger finden die Unterbewertung auch und kaufen entsprechend.

Institutionelle Investoren erstellen tendenziell mehr Analysen bei ihren Transaktionen als Privatanleger (»*Smart Money*«). Weil Fonds untertägig Anteilskäufe und -verkäufe erhalten, kaufen bzw. verkaufen Fondsmanager tendenziell später am Tag. Oftmals werden sehr große Volumina in der Schlussauktion und damit in den letzten 5 Minuten des Handelstages umgesetzt. Der Börsenhandel ist somit keineswegs gleich verteilt über den Tag. Neben der besseren Information der institutionellen Anleger bewegen deren große Aufträge den Markt stärker, weswegen ihr Handelsverhalten interessanter ist.

Allerdings versuchen große Händler, ihre Aufträge weitgehend zu verstecken und über viele kleinere Orders an den Markt zu geben, um keine nachteiligen Kurseffekte (»*Slippage*«) auszulösen. Würde ein großer Verkaufsauftrag sichtbar, könnten Marktteilnehmer erschreckt werden, was zu einer stark negativen Kursbewegung führen und damit den Gesamterlös des Verkäufers schmälern würde.

Bei einer sogenannten *Iceberg Order* sehen die Marktteilnehmer nur einen Bruchteil des Auftrags im offenen Orderbuch. Wird eine Teilorder ausgeführt, legt der Computer die nächste Teilorder in das Orderbuch. Es gibt zwar technische Indikatoren, die das Handelsvolumen berücksichtigen. Gleichwohl gelingt es aber meistens nicht über Standardtools, derartige Orders zu identifizieren.

Bei der Analyse von Charts kommt zudem ein Phänomen zum Tragen, was eine ganz einfache Quelle von Fehlentscheidungen ist. Praktisch 99% aller Privatanleger betrachten lineare Charts und keine logarithmischen Charts.[53] Bei linearen

Charts ist der Abstand zwischen den Einteilungen der vertikalen Kursskala gleich, wohingegen bei logarithmischen Charts die Abstände kleiner werden.

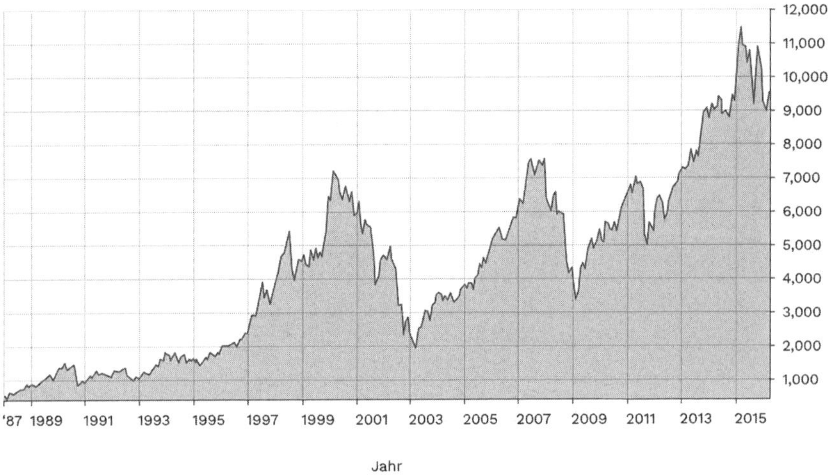

Abbildung 9: Chart mit linearer Skala

Bei langen Zeiträumen wird besonders deutlich, dass die Aussagekraft von linearen Charts sinkt. Waren 1.000 Punkte im DAX 1987 noch ein Gewinn von 100%, so wären diese heute nur knapp 10%. Bei logarithmischen Charts werden kleinere Einheiten größer dargestellt, weswegen der Zinseszinseffekt hier herausgerechnet wird. Ist die Steigung am Ende genauso hoch wie zu Beginn, ist die Rendite der Anlage gleich geblieben – unabhängig von der Höhe des Kapitaleinsatzes.

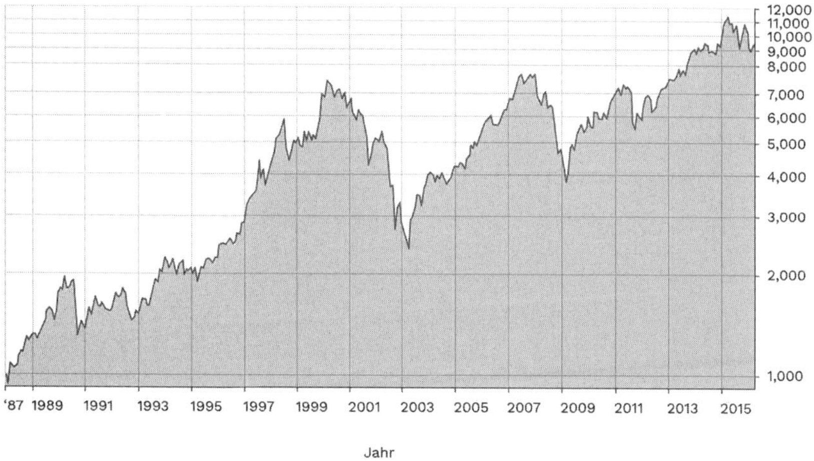

Abbildung 10: Chart mit logarithmischer Skala

Weil fast alle Webseiten lineare Charts standardmäßig anzeigen, dienen diese vor allem Privatanlegern als wichtige Entscheidungsgrundlage. Ein Fondsmanager, der zu Beginn des DAX Index 1987 eine Überrendite von 100% erzielt und anschließend passiv den Index nachgebildet hätte, könnte heute einen Indexstand von 20.000 Punkten aufweisen. Die anfängliche Outperformance von 1.000 Punkten wäre auf inzwischen 10.000 Punkte gewachsen – ohne weitere Managementleistung in den letzten 25 Jahren.

Eine einmalige Überrendite verzinst sich mit der Basis, weswegen sich »die Schere weiter öffnet« und damit der vermeintliche Anlageerfolg im Auge des Privatanlegers größer wird. Man sollte daher grundsätzlich nur logarithmische Charts verwenden, um eine Managementleistung im Zeitablauf bewerten zu können.

Zur Prognosegüte bei Daytrading

Daytrading beschreibt den kurzfristigen spekulativen Handel mit Wertpapieren, bei dem Positionen meistens innerhalb eines Handelstages aufgebaut und wieder geschlossen werden. Eine Studie der *North American Securities Administrators Association* aus dem Jahr 2000 befand, dass 77% der 124 beobachteten Daytrader im Zeitraum von 8 Monaten Verluste erwirtschafteten. Der durchschnittliche Gewinn der übrigen betrug bescheidene $22.000. Lediglich 2 Personen der 124 Teilnehmer hatten mehr als $100.000 Gewinn erzielt.

Warum scheitern die meisten Daytrader in kurzer Zeit? Die Erklärung für dieses Phänomen ist sehr einfach: Wenn man beispielsweise die Zeitreihe des MSCI World Index seit dessen Beginn im Jahr 1969 betrachtet und die besten 5 und die schlechtesten 5 Monate herausrechnet (man unterstellt eine 0%-Rendite in diesen Monaten), so verringert sich die durchschnittliche Jahresrendite von 6,23% auf 5,20% beziehungsweise erhöht sich auf 8,11%.

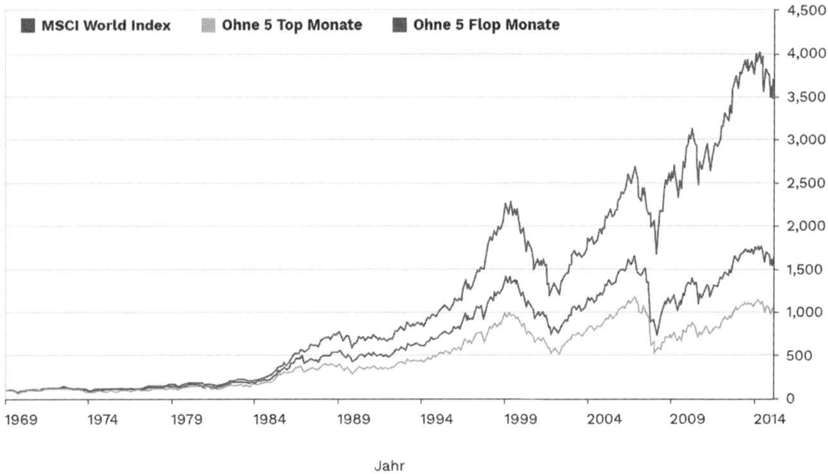

Abbildung 11: MSCI World Index ohne Top-5- und ohne Flop-5-Monate

Weil Börsen kurzfristig stärker stürzen, als sie ansteigen, ist die Prognose der schlechten Monate für das Gesamtergebnis wichtiger. Aufgrund des Zinseszinseffekts und der langen Laufzeit ist das Endvermögen im besseren Fall 3,5-fach so hoch wie im schlechteren Fall.

Tatsächlich haben sehr wenige Ereignisse eine sehr große Auswirkung auf den langfristigen Anlageerfolg, weil sie von der Masse der Kapitalmarktteilnehmer nicht erwartet wurden beziehungsweise grundsätzlich nicht zu erwarten waren. Niemand konnte die Terroranschläge am 11. September 2001 in New York vorhersehen.

Für diejenigen Akteure, die trotz dieser Extreme an Prognosen festhalten, ergibt sich ein kontinuierliches strukturelles Problem im Tagesgeschäft: Weil Aktienanlagen langfristig eine positive Risikoprämie haben, hat eine kurzfristige Wette auf sinkende Kurse einen negativen Erwartungswert. Wenn man also nur lange oder oft genug mit Short-Positionen gegen den Langfristtrend wettet, wird man – ohne Prognosekraft – sehr sicher Geld verlieren.

Ein Investor, der an jedem Monatsanfang entscheidet, Aktien zu kaufen oder zu verkaufen, muss bei »normalen« Anlageparametern und ohne Transaktionskosten mindestens in 57% der Fälle richtig prognostizieren (siehe Abbildung 12). Diese Zahl erscheint auf den ersten Blick nicht hoch, jedoch erreichen nur die allerwenigsten Akteure eine Prognosegüte in dieser Größenordnung.

Burton Malkiel beschrieb die Börse in seinem Buch *A Random Walk Down Wall Street* als völlig unvorhersehbar.[54] Steigende und fallende Kurse seien wie bei einem Münzwurf (aufgrund der langfristigen Risikoprämie nicht exakt, sondern nur annähernd) gleich wahrscheinlich. In seiner Vorstellung liegt jegliche Prognosemöglichkeit in der Nähe der 50%-Wahrscheinlichkeit.

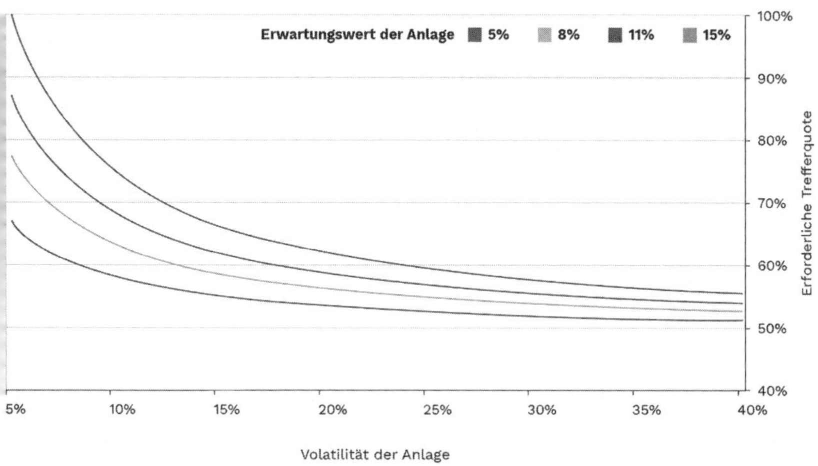

Abbildung 12: Erforderliche Trefferquote einer 1M Long/Short-Strategie für einen Kapitalerhalt

Erfolgreiche Daytrader betrachten daher meist nicht eine Zeitreihe und treffen hierüber Prognosen, sondern verwenden einen erfolgversprechenden Indikator, mit dem sie dann alle Zeitreihen filtern und ein großes Anlageuniversum auf wenige relevante Titel reduzieren. Dies ist natürlich deutlich aufwendiger und erfordert sehr gute Marktdatensysteme.

Weil Daytrader zudem mit einem relativ kleinen Depot ihren Lebensunterhalt aus dem Kapitalertrag finanzieren wollen, gehen sie regelmäßig stark gehebelte Positionen ein. Beliebte Produkte sind *Contracts for Difference* (CFD), die ursprünglich in Großbritannien zur Vermeidung der Stempelsteuer erfunden wurden. Weil jede Aktientransaktion mit 0,5% besteuert wird, werden außerbörslich Kontrakte gehandelt, die nur die Kursentwicklung abbilden und daher wenig Kapitaleinsatz erfordern. Oftmals wird hier sogar ein Hebel von 100:1 gehandelt.

Aufgrund des hohen Hebels scheitern Händler ohne Prognosekraft entsprechend schneller. Wegen der Nachschusspflicht kann ein Kunde außerdem weit mehr Geld verlieren, als er vermeintlich einsetzt. Als am 15. Januar 2015 die schweizerische Nationalbank den Franken freigab, brachte der Kurssprung gegenüber dem Euro einigen Anlegern die Privatinsolvenz. Ein Kunde des britischen Brokers IG hatte mit einem Einsatz von 2.800 Euro einen Verlust von 280.000 Euro erwirtschaftet. Die normalerweise vorgesehenen Stop-Loss-Mechanismen griffen nicht, weil der Kurssprung so groß war, dass kein Handel zwischenzeitlich stattfand.

Außerdem sind gehebelte Produkte sehr teuer. Die Finanzierungskosten für CFDs sind besonders teuer, wenn die Produkte über Nacht gehalten werden. Hier werden oftmals Beträge fällig, die Banken sonst nur bei Dispozinsen verlangen (können). Weil der Handel dieser Produkte immer nur mit dem Emittenten erfolgt, kann dieser auch eine hohe Handelsspanne oder entsprechend schlechte Kurse stellen.

Eine ehrliche Aussage zu Finanzmarktprognosen stammt von Gottfried Heller, dem langjährigen Geschäftspartner der Börsenlegende André Kostolany: »Nenne eine Zahl und keine Zeit oder nenne eine Zeit und keine Zahl.«[55]

Das Fondsmanagerparadoxon

Die Frage nach der Erfolgswahrscheinlichkeit eines aktiven Managers kann man durch vernünftiges Schlussfolgern beantworten: In einer Zeit, in der Finanzinstrumente auch leer verkauft werden können, müsste ein Fondsmanager kein Geld einsammeln und könnte den Mehrwert selbst vereinnahmen. Zu diesem Zweck müsste er einfach seine Benchmark verkaufen und mit diesem Geld und seiner Anlagestrategie die Rendite »Benchmark + X« erwirtschaften. Mit diesem Geld könnte er dann die Benchmark zurückkaufen und den Mehrwert »X« selbst behalten. Unter professionellen Marktteilnehmern wird diese Strategie als *Portable Alpha* bezeichnet.

Je sicherer ein Fondsmanager einen echten Mehrwert liefern kann, umso mehr wird er sein eigenes Geld investieren wollen. Weil viele Handelsstrategien nicht beliebig skalierbar sind und manchmal eine Maximalkapazität haben, drängen viele erfolgreiche Fonds ihre Investoren zur Anteilsrückgabe, weil die Fondsmanager durch den Erfolg über immer größere Eigenmittel verfügen.

Der Medallion Fund erwirtschaftete von 1994 bis 2014 eine jährliche Rendite von 71,8% und brachte dessen Fondsmanager James Simons mit einem Vermögen von 15,5 Milliarden USD auf Platz 49 der reichsten Menschen der Welt. Der Fonds wird heute größtenteils von den Mitarbeitern gehalten, die zudem die Erträge über einen »401k Pension Plan« (ein in den USA begünstigtes Altersvorsorgekonto) steuerfrei vereinnahmen können.

Grundsätzlich ist es ein positives Signal, wenn der Fondsmanager eigenes Geld in seinen Fonds investiert. Gerade bei kleineren Fonds kann dies ein hoher Anteil sein. Kleine Fonds sind zudem oftmals besser als große Fonds, weil sie flexibler agieren können.[56]

Die kritische Frage, die ein Privatanleger jedem Anlageberater stellen könnte, lautet: »*If You're So Smart, Why Aren't You Rich?*«. (The Riddler im Film Batman)

Ex-post-Verzerrung von Renditen

Weil eher schlechte als gute Fonds geschlossen werden, werden die Erfolge der heute noch existierenden Fonds systematisch überschätzt. Zu nicht mehr gehandelten Instrumenten liegen meist keine Daten vor, weswegen eine Stichprobenverzerrung entsteht. Das als *Survivorship Bias* bezeichnete Phänomen führt in der umfassenden Studie von Edwin Elton, Martin Gruber und Christopher Blake zu einer Überschätzung der durchschnittlichen jährlichen Rendite von 0,4% bis 0,9% – je nach Betrachtungsdauer zwischen 10 und 20 Jahren.[57]

Eine ähnliche Verzerrung gibt es auch bei Aktien. Die Rendite dieser Anlageklasse wird ebenfalls überschätzt, weil insolvente Unternehmen vom Radar verschwinden. Typischerweise scheitern Unternehmen nicht in einem Index, sondern werden vor einer Insolvenz durch aufstrebende Unternehmen ersetzt. Es findet somit eine gewisse Konditionierung auf Erfolg statt, was Indexanlagen attraktiv macht.

Bei der Gründung des *DAX Index* im Jahr 1988 war das Maschinen- und Anlagenbauunternehmen Deutsche Babcock Gründungsmitglied. Aufgrund zu geringer Marktkapitalisierung wurde das Unternehmen am 15. September 1995 durch *SAP* ersetzt. Dies war der erste Abstieg eines Unternehmens aus dem DAX Index gewesen. Im Jahr 2002 musste das Unternehmen Insolvenz anmelden.

Anleger, die historische Zeitreihen bewerten, müssen also berücksichtigen, dass dies keinesfalls eine vergleichbare, nach vorne gerichtete (»ex ante«) Entscheidungssituation darstellt. Außerdem ist ein historisches Anlageergebnis nur ein einziges Ergebnis eines unbekannten Zufallsprozesses. Man sieht aus heutiger Sicht nur eine Zahl, weiß aber nicht, wie der »Würfel dahinter« tatsächlich aussieht. Um Rückschlüsse hieraus zu ziehen, gibt es in der Statistik komplexe Methoden, die aber alle auch große Schwächen aufweisen.

Am einfachsten ist es, wenn man die Beobachtung als das wahrscheinlichste Ergebnis definiert und dann die Verteilungsfunktion schätzt (»*Maximum-Likelihood-Schätzung*«). Aber diese Annahme ist völlig willkürlich. Andere Methoden versuchen, die Historie in unabhängige Teile zu zerlegen, was aber auch schnell an Grenzen stößt. Es gibt nämlich nur eine begrenzte Anzahl von Teilintervallen. Je mehr Intervalle man betrachtet, umso sicherer kann man schätzen, jedoch verlieren die immer kürzeren Intervalle dann für eine Langfristbetrachtung an Aussagekraft.

Am besten ist es auch hier, das komplexe Handwerkszeug der Statistik auszublenden und die Anlageergebnisse mit einem gesunden Menschenverstand zu interpretieren. Hat ein Fondsmanager einen einmaligen Fehler gemacht, den man für die Zukunft ausschließen kann? Dann ist seine Zeitreihe häufig wertvoller als diejenige von Personen, die Glück hatten und dies implizit durch die Zeitreihe auch in der Zukunft unterstellen.

Die Zukunft ist nicht nur unsicher, sondern oftmals sogar ungewiss: Man kann sie noch nicht einmal beschreiben oder gar mit Wahrscheinlichkeiten messen. Wer hätte im Jahr 1958 gedacht, dass aus Zahlenreihen von vielen Nullen und Einsen die Computertechnologie entsteht, die den größten

Produktivitätsgewinn der Menschheit auslösen sollte? Werner Kirsch empfiehlt daher, sich auf die 3 Basisfähigkeiten *Handlungsfähigkeit, Lernfähigkeit* und *Reaktionsfähigkeit* zu konzentrieren.[58] Wer stets handeln kann, weil er über die entsprechenden Ressourcen verfügt, und sich proaktiv mit neuen Dingen und Situationen beschäftigt, wird für jedwede Zukunft am besten gerüstet sein.

Dies ist auch der Grund, warum der erfolgreichste Investor aller Zeiten Warren Buffett einen Großteil seiner Anlageentscheidung an die Fähigkeiten und die Integrität des Managements anknüpft (siehe hierzu mehr in Kapitel 22).

Der falsche Guru

Durch einen einfachen Taschenspielertrick kann jeder im Hinblick auf Finanzprognosen einen »Guru-Status« erlangen. Ein total unfähiger Anlageberater sagt beispielsweise 5.120 Anlegern einen steigenden Markt und 5.120 Anlegern einen fallenden Markt voraus. Am nächsten Tag wird er bei 5.120 Personen richtigliegen. Tags darauf halbiert er diesen Kreis und wird 2.560 Anlegern 2-mal in Folge den Markt richtig vorausgesagt haben. Am 11. Tag wird er 10 Personen 10-mal hintereinander den Markt korrekt vorhergesagt haben. Im Zeitalter des Internets und der kostenlosen Verbreitung von Informationen ist diese Strategie sehr einfach umsetzbar. Vermutlich wird der Betrug auch nicht auffallen, weil die 10.230 enttäuschten Anleger nichts voneinander wissen.

Seit jüngerer Zeit werden in der Wissenschaft Verzerrungen der Rendite in der Frühphase von Fonds untersucht. Fondsgesellschaften gründen mehr Fonds, als sie später zum öffentlichen Vertrieb anmelden. Diese Fonds weisen höhere Konzentrationen in illiquideren Werten auf. Schlechte Fonds werden bereits vor der öffentlichen Notierung geschlossen, wohingegen zu guten Fonds im Zeitpunkt der Zulassung die bisherige Renditeentwicklung nachgeliefert wird.

Der hierdurch entstehende *Incubation Bias* beträgt laut Richard Evans bis zu 4,7%.[59] Auch hier sind gute Informationssysteme sehr wichtig, die Rückschlüsse auf den

Zeitpunkt der Einlieferung der Daten (auf die Konditionierung) zulassen.

Privatanleger sollten stets hinterfragen, ob das gute Ergebnis, das sie sehen, nur durch eine eingeschränkte Sichtweise begründet werden kann. Dinge, die zu schön sind, um wahr zu sein, sind meistens auch nicht wahr. Tatsächliche Betrüger, die Zahlen fälschen, kann man auch meistens sehr einfach entlarven. Das nach Frank Benford benannte *Benfordsche Gesetz* beschreibt die Verteilung von Zahlen in empirischen Datensätzen.[60] Zahlen mit der Anfangsziffer 1 treten 6,5-fach so häufig auf wie Zahlen mit der Anfangsziffer 9. Je kleiner die Ziffer ist, desto häufiger wird sie empirisch beobachtet.

Statistisch gesehen liegt dies daran, dass viele Datensätze »log-normalverteilt« sind. Es folgen also nicht die Häufigkeiten der Daten selbst, sondern die Größenordnungen (Zehnerpotenzen) dieser Daten einer Normalverteilung. Betrüger sind meistens keine klugen Statistiker und fälschen die Zahlen gleich verteilt oder zumindest nicht im Sinne von Frank Benford. Durch einfache Tests auf signifikante Abweichungen kann man erkennen, ob die Zahlen »echt« sind.

Anders als bei der Kapitalanlage ist Intelligenz beim Betrug tatsächlich nützlich. Zum Glück korrelieren aber das kriminelle Potential und die Intelligenz der Menschen negativ miteinander. Vermutlich steht 1.000 Offline-Bankräubern mit wenigen Tausend Euro Beute nur 1 Online-Bankräuber gegenüber, der dann jedoch mehrere Millionen Euro erbeuten kann – bei gleichem Strafmaß.

Während ehrliche Menschen die Realität und damit ihre Erzählung erlebt haben, ist dies bei Betrügern nicht der Fall. Lügner müssen sich ihre Lügen sehr genau merken, weswegen viele Lügner langfristig scheitern.

Typische Verhaltensfehler von Anlegern

Der S&P Index stand im Jahr 1900 bei 6,1 und im Jahr 2000 bei 1.425,59 Punkten. Trotz Bankenkrise im Jahr 1907, Erstem Weltkrieg, Großer Depression, Zweitem Weltkrieg, Ölkrise in den 70er Jahren, Schwarzem Montag im Jahr 1987 oder Russland- und Asienkrise Ende der 90er stand der Index damit Ende des Jahrhunderts 234-mal so hoch wie zu Beginn. Wie kann jemand in einem solchen Aufwärtsmarkt eigentlich pleitegehen? Tatsächlich kennt die Welt zahlreiche Schicksale von gescheiterten Börsenspekulanten.

Die berühmteste Pleite erlebten 1998 John Meriwether, ehemaliger Leiter des Rentenhandels von Salomon Brothers, sowie Myron Scholes und Robert Merton, beide Wirtschaftsnobelpreisträger, mit ihrem Hedgefond *Long-Term Capital Management* (LTCM). LTCM spekulierte in Erwartung der sich nähernden Europäischen Währungsunion auf eine Angleichung der Zinsen im Euroraum und finanzierte seine Anlagen fast ausschließlich mit Fremdkapital.[61]

Nach anfänglichen Erfolgen stürzte das Konstrukt aus derivativen Finanzinstrumenten – Derivate sind komplexe Produkte, deren Wert sich von einer Referenzgröße (hier: Zinsen) ableitet und die sehr schwer zu bewerten sind – im Zuge der Währungskrise in Russland 1998 komplett ein. Die teuren bundesdeutschen Staatsanleihen glichen sich nicht nach unten an die anderen europäischen Staatsanleihen an, sondern dienten vielmehr als sicherer Hafen in der Krise und stiegen weiter. Die Krise des Fonds war derart groß, dass der US-Notenbankchef Alan Greenspan die Leitzinsen senken musste, um den Markt zu beruhigen.[62] Vermutlich wären Anleger mit einem normalen IQ niemals auf die Idee dieser riskanten Anlagestrategie von LTCM gekommen.

Meistens resultieren die Pleiten daraus, dass die Menschen bei guter Börsenlage kaufen und bei schlechter Stimmung verkaufen. Außerdem spekulieren viele Personen auf Kredit (»Hebel«), weswegen ein Totalverlust bereits bei kleineren Kursschwankungen eintreten kann.

Menschen sind nicht rational, weswegen die normativen Finanzmodelle – oftmals aus Sicht des idealtypischen *Homo oeconomicus* (ein völlig rationaler Mensch, der seinen Nutzen maximiert) – häufig von einer falschen Annahme ausgehen. Deswegen hat sich seit Mitte der 1970er mit der »*Behavioral Finance*« ein Forschungszweig entwickelt, der typische Anlagefehler durch psychologische Ansätze erklärt.

Wenn eine Aktie viele Tage in Folge gefallen ist, steigt bei Anlegern die subjektive Wahrscheinlichkeit, dass sie am nächsten Tag wieder steigen muss. Diese als *Spielerfehlschluss* bezeichnete Ansicht vergisst, dass Aktien sich nicht isoliert, sondern mit dem Gesamtmarkt bewegen. Außerdem können Pleitekandidaten systematisch sinken, wenn die letzten Ratten das Börsenschiff verlassen.

Die *Ankerheuristik* bezeichnet das Phänomen, dass Anleger Kurse meist an festen Kursmarken relativieren.[63] Dies können runde Kursmarken oder aber auch der Einstiegskurs sein. Oftmals beobachtet man Kurseffekte, wenn frühere

Höchststände wieder erreicht werden und Privatanleger die Positionen nach langer Durststrecke – meist ungeachtet der Fundamentaldaten – schließen.

Auch kaufen Menschen blind Aktien, weil ihre Nachbarn hiermit viel Geld verdient haben. Aufgrund des »*Keeping-Up-With-The-Joneses*«-Phänomens blenden Anleger häufig den eigenen Verstand aus und richten ihr Verhalten nur nach der sozialen Benchmark aus.[64]

Verluste sind psychologisch in etwa doppelt so wichtig wie Gewinne. Diese Verlustaversion lässt sich durch den *Endowment-Effekt* begründen: Menschen messen Gegenständen, die sie besitzen, eine höhere Bedeutung zu als Dingen, die sie nicht besitzen.[65] Anleger neigen dazu, Verluste unbedingt nicht realisieren zu wollen. Mit dem Begriff der »*kognitiven Dissonanz*« bezeichnet die Sozialpsychologie das Phänomen, dass Personen Verluste durch Änderung ihrer Sichtweise schönreden. So werden bei Verlustaktien jetzt besondere Kurschancen gesehen.[66]

Anleger neigen oft dazu, *neuen Informationen* ein zu hohes Gewicht zu geben. Dadurch erhöhen sich Handelstätigkeit und Kosten viel stärker als der vermeintliche Gewinn.[67]

Eine bekannte Untersuchung des Entscheidungsverhaltens von Anlegern liefert Barry Schwartz in seinem Buch *Paradox of Choice*. Je mehr Entscheidungsmöglichkeiten bestehen, umso eher wird der Entscheidungsträger das Gefühl einer suboptimalen Entscheidung wahrnehmen und gar nicht handeln.[68]

Emotionale Stabilität und eine langfristige Strategie sind die wichtigsten Erfolgsfaktoren eines Anlegers. Man sollte ehrlich zu sich selbst sein und allzu große Selbstzweifel aber auch nicht zulassen. Dies ist übrigens meist ein Problem von sehr klugen Menschen:

Der *Dunning-Kruger-Effekt* bezeichnet die Tendenz inkompetenter Menschen, das eigene Können zu überschätzen. Aufgrund ihrer fehlenden Kompetenz können sie nämlich das eigene Unvermögen nicht erkennen. Dagegen neigen intelligente Menschen häufig zu Selbstzweifel. Der Begriff des »*Insecure Overachiever*« wurde durch den McKinsey-Berater Matias Dalsgaard geprägt und beschreibt einen unsicheren Menschen, der seine eigene Identifikation nur in dem von ihm gewählten Umfeld findet. Würde dieser Kontext wegbrechen, fiele das Selbstbewusstsein tief.

Für die Börse sind solche Charakterzüge sehr schlecht, weil gerade oftmals die gegenteilige Strategie sinnvoll ist: »Sei gierig, wenn andere ängstlich sind! Sei ängstlich, wenn andere gierig sind!« Große Gewinne lassen sich nur dann erzielen, wenn viele Menschen durch Herdenverhalten zu Übertreibungen neigen.

Gleichwohl sollte man besonders sorgsam reflektieren, wenn man eine völlig von der Masse abweichende Meinung hat. Eine von Demut geprägte Grundeinstellung ist am Kapitalmarkt stets hilfreich. Ein unreflektierter Taucher, der sich nur freut, dass alle anderen Taucher auf dem Schiff sitzen und er die Bucht alleine für sich hat, übersieht schnell den hinter ihm schwimmenden Hai, den die zurückgebliebenen Taucher vom Schiff aus sehen.

Frauen versus Männer

Brad Barber und Terrance Odean zeigen in ihrer Studie an einem Datensatz für den Wertpapierhandel von 35.000 Haushalten im Zeitraum von 1991 bis 1997, dass Männer durchschnittlich 45% häufiger handeln als Frauen.[69] Dadurch verursachen sie jährlich 2,65% Transaktionskosten, wohingegen Frauen nur 1,72% Kosten auf das verwaltete Vermögen bezahlen. Weil sowohl Männer als auch Frauen im Mittel genauso wenig Prognosefähigkeit haben, erzielen Männer durch die höheren Kosten ein schlechteres Anlageergebnis: »Hin und Her macht Taschen leer«.

Ein ähnliches Ergebnis findet Alexandra Niessen-Ruenzi, die 600.000 Depots der ING-DiBa über ein Jahr lang bis Ende August 2015 ausgewertet hat: Frauen erzielten in den Depots 5,8% Rendite, Männer dagegen nur 4,1%. Hierbei setzten Männer öfter auf Einzelwerte, Frauen wählten eher Fonds oder streuten die Anlagen stärker.[70]

Erstaunlicherweise beträgt der Anteil weiblicher Fondsmanager in der Datenbank der Rating-Agentur *Morningstar* nur 8%. Außerdem sind Fonds, die von Frauen verwaltet werden, kleiner. Bei gleichen Renditen fließt ihnen circa 15% weniger Kapital zu. Alexandra Niessen-Ruenzi und Stefan Ruenzi untersuchten die Gründe für diese Beobachtung und stellten in Befragungen fest, dass es tatsächlich noch Vorurteile gegen Frauen in der traditionell von Männern dominierten Finanzwelt gibt.[71]

Die »*Beardstown Ladies*« aus der kleinen Stadt in Illinois waren ein legendärer Investmentclub von älteren Damen, die von 1983 bis 1994 eine durchschnittliche Rendite von 23,4% pro Jahr erzielten und aufgrund ihrer einfachen Entscheidungskriterien weltberühmt wurden. Das Buch *The Beardstown Ladies' Common-Sense Investment Guide* von Leslie Whitaker wurde ein Bestseller, weil es einfach geschrieben und für jedermann verständlich ist.[72] Wenn 80-jährige Frauen ihre Kapitalanlage erfolgreich selbst in die Hand nehmen und Firmen aus der Perspektive von normalen Konsumenten bewerten, war dies für viele Medien eine sehr interessante Geschichte.

Allerdings wurden ihre Anlageerfolge später (für den Zeitraum 1983–1997) in einem Gerichtsprozess auf 15,3% pro Jahr nach unten korrigiert, was zwar immer noch besser als viele Aktienfondsmanager, aber dennoch schlechter als der S&P 500 Index (17,2% p.a.) war.

Privatanleger sollten Frauen trotz ihrer geringen Zahl anteilig mindestens entsprechend so viel Geld anvertrauen. Frauen sind in der Eigenvermarktung oftmals defensiver als Männer, weil sie gelegentlich Widerstände erleben. Laurie Rudman hat *Self-Promotion* bei Frauen sogar als Risikofaktor für die Karriere identifiziert.[73]

Bei Kapitalanlagen gilt grundsätzlich ein schönes Zitat aus dem Jahresbericht 2005 des Yale Endowment Fund, eines der weltweit erfolgreichsten Stiftungsportfolios: »*Rewarding investments tend to reside in dark corners, not in the glare of floodlights*«.

Fondsratings und Analystenempfehlungen

Rating-Agenturen übernehmen für viele Investoren die Bewertung von Finanzinstrumenten. Die Finanzmarktforschung hat die Prognosekraft von Rating-Agenturen untersucht und kommt zu einem ernüchternden Ergebnis. Christian Meinhardt hat eine Studie für den deutschen Markt anhand der Fondsratings von *Feri Trust, Euro Fondsnote* und *Finanztest* erstellt und misst praktisch keine Prognosefähigkeit.[74] Ähnliche Ergebnisse hatten bereits Roman Kräussl und Ralph Sandelowsky für den amerikanischen Markt anhand der *Morningstar*-Ratings gefunden.[75]

Oftmals sind Ratings sogar echte Kontraindikatoren, weil Fonds in der Praxis erst dann ein sehr gutes Rating erhalten, wenn sie 5 Jahre lang eine sehr gute Entwicklung hatten. Dies ist meistens der Fall, weil der Fondsmanager auf die richtigen Werttreiber gesetzt hat.[76] Weil Timing aber auch in diesem Fall nicht funktioniert, fallen die Fonds umso stärker zurück, wenn sich die Werttreiber wieder zurück an ihr langfristiges Mittel annähern (»*Reversion-to-the-Mean*«).

Je stärker sie vorher nach oben abgewichen waren, desto stärker fallen sie meist wieder nach unten. In der Wissenschaft wird die Nachhaltigkeit von erfolgreichen Fonds unter dem Schlagwort »*Persistenz*« diskutiert.

Innerhalb eines Jahres sind kürzlich erfolgreiche Fonds oftmals weiterhin erfolgreich, weil die jüngere Überrendite aufgrund des Momentum-Effekts noch eine gewisse Weile weiterläuft. Mittel- und langfristig wird hier jedoch von den meisten Studien keine Persistenz bei der Fondsperformance festgestellt, mit Ausnahme der besonders schlechten Fonds – diese haben strukturelle Probleme:[77]

Christopher Blake und Matthew Morey fanden für die schlechten Rating-Noten von Morningstar eine hohe Prognosekraft:[78] Dies liegt daran, dass schlechte Fonds wenig neue Mittel einwerben können und die verhältnismäßig hohe Kostenbelastung bei kleinen Fonds auch ziemlich sicher in der Zukunft bestehen wird.

In der Praxis werden Ratings gelegentlich auch durch die Fondsgesellschaft beauftragt, aber direkt durch die Anleger bezahlt. In den Geschäftsbedingungen haben die meisten Gesellschaften eine Klausel, die es erlaubt, »Kosten für Werbung, die unmittelbar im Zusammenhang mit dem Anbieten und dem Verkauf von Anteilen anfallen, ...« direkt dem Fonds zu belasten. Durch die Beauftragung eines Ratings kann (aber muss nicht) dieses Rating beim Vertrieb verwendet werden. Es stellt also eine Option für den Fondsmanager dar, die er nur dann ausüben wird, wenn das Rating positiv ist.

Mit Hilfe sogenannter »*Pump-and-Dump*«-Strategien versuchen Betrüger auch im Internet, ahnungslosen Privatanlegern mit *Stock-Spam* vermeintliche Aktientipps zu geben. Durch die dann anziehende Nachfrage steigt der Kurs, und die Betrüger können ihre vorher eingesammelten Stücke gewinnbringend an die Lemminge verkaufen. Laura Frieder und Jonathan Zittrain haben anhand von 75.000 Fällen von Januar 2004 bis Juli 2005 eine durchschnittliche Rendite von 4,29% pro Tag für die Spammer ermittelt.[79]

Besonders hinterlistig sind Mails oder auch Faxe, die an eine andere Person adressiert sind und einen Vertraulichkeitsvermerk beinhalten. Der Empfänger glaubt an einen Irrläufer und sieht fälschlicherweise für sich einen Informationsvorsprung.

Aber auch den Analysen von professionellen Marktteilnehmern darf man nicht blind folgen. Warum empfehlen Analysten einer Bank die BMW-Aktie zum Kauf? Warum bezahlt diese Bank teure Analysten, die dann ihre Arbeit kostenlos mit vielen Privatanlegern teilen? Die Bank ist kein altruistisches Institut. Banken, die eine Studie veröffentlichen, kaufen am Tag vorher Aktien entweder für sich oder für die eigenen Kunden, um sie dann nach der Kaufempfehlung wieder zu einem höheren Kurs zu verkaufen. Es gibt zahlreiche Untersuchungen, die genau einen Tag vor und einen Tag nach einer Veröffentlichung einen signifikanten Anstieg im Handelsvolumen feststellen.[80]

Ein derartiges Vorgehen ist völlig legal und stellt keine Insiderinformation dar, weil die Bank die Information nicht aus dem Unternehmen hat. Die Bank hat lediglich 2 legale Vorteile: Einerseits kennt sie den Zeitpunkt ihrer eigenen Veröffentlichung und kann entsprechende Positionen vorher aufbauen. Andererseits kennt sie aus vielen anderen Veröffentlichungen ihren Markteinfluss und kann daher gut abschätzen, welches Volumen ihre Studien am Markt bewegen wird.

Bei Buy-Side-Studien ist die Qualität deutlich höher, allerdings werden diese nicht kostenfrei veröffentlicht und dienen großen Portfolios von Pensionskassen als Entscheidungsgrundlage. Diese Studien werden solchen Anlegern meist »kostenfrei« zur Verfügung gestellt, wenn im Gegenzug Orders über den Broker abgewickelt werden (sogenannte »Soft Dollars«).

Im Internet gibt es zunehmend bessere Informationsquellen, die auch von Privatanlegern kostenfrei genutzt werden können. Auf der Seite *SeekingAlpha.com* sind sehr gute Analysen zu allen großen Unternehmen erhältlich. Die Crowdsourcing Plattform *estimize.com* bietet Schätzungen von mehr als 18.000 Analysten, deren Treffergüte nach eigener Aussage in 70% der Fälle besser als die Sell-Side-Studien von Banken sind.

Häufig kann man am Kapitalmarkt beobachten, dass positive Nachrichten sogar zu Kursverlusten führen und umgekehrt. Dies ist für außenstehende Privatanleger meistens völlig unverständlich. Am Kapitalmarkt werden aber Erwartungen gehandelt, weswegen jede Nachricht nicht absolut gesehen werden darf, sondern relativ bewertet werden muss. Hier kann man aber mit einer gewissen Interpretation wertvolle Handelsentscheidungen ableiten:

Der Finanzvorstand eines Unternehmens sowie die betreuenden Analysten sind meistens eine über einen längeren Zeitraum unveränderte Gruppe mit einer bestimmten Erwartungshaltung. Es gibt Finanzvorstände, die so konservativ denken und die Erwartungshaltung so niedrig halten, dass diese immer übertroffen wird. Es gibt aber natürlich auch Finanzvorstände, die zu euphorisch sind und deswegen zu hohe Erwartungen wecken. Insgesamt werden in etwa zwei Drittel aller Fälle die Erwartungen übertroffen. Die Schätzfehler sind also nicht symmetrisch.

Man kann messen, wie sehr ein Finanzvorstand die Erwartungen der Analysten, die ja in den professionellen Informationssystemen verfügbar sind, in der Vergangenheit übertroffen hat. Daraus kann man Bereiche ableiten, ab denen ein erneutes Übertreffen erst als eine »echte Überraschung« gewertet werden kann. Ein derartiger Datensatz ist besonders wertvoll und wird beispielsweise über das Produkt *StarMine* von *Thomson Reuters* geliefert.

White-Label-Finanzprodukte und unabhängige Vermögensverwalter

Seit der Finanzkrise im Jahr 2008 werden Finanzinstitute immer stärker reguliert. Die Anzahl der Banken in Deutschland sinkt seit Jahren und beträgt aktuell nur noch 1940. Die aufsichtsrechtlichen Anforderungen sind für viele Institute zu hoch. Andererseits versuchen die verbliebenen Banken, ihren höheren Compliance-Aufwand durch »White-Label-Konzepte« zu refinanzieren.

Bereits seit 2002 bieten Kapitalanlagegesellschaften in Deutschland sogenannte *White-Label-Fonds* an. Hierbei fungiert die Kapitalanlagegesellschaft als technischer und rechtlicher Vermögensverwalter und überlässt die Anlageentscheidungen einem Anlageberater, der im Status eines Finanzdienstleisters nach §32 KWG (Kreditwesengesetz) seine Kunden in diesen Fonds vermittelt und dem Fonds auch seinen Namen gibt. Durch diese Dienstleistung wurde es möglich, dass kleine unabhängige Vermögensverwalter faktisch eigene Fonds anbieten – ohne die viel höhere aufsichtsrechtliche Hürde einer Kapitalanlagegesellschaft selbst erfüllen zu müssen.

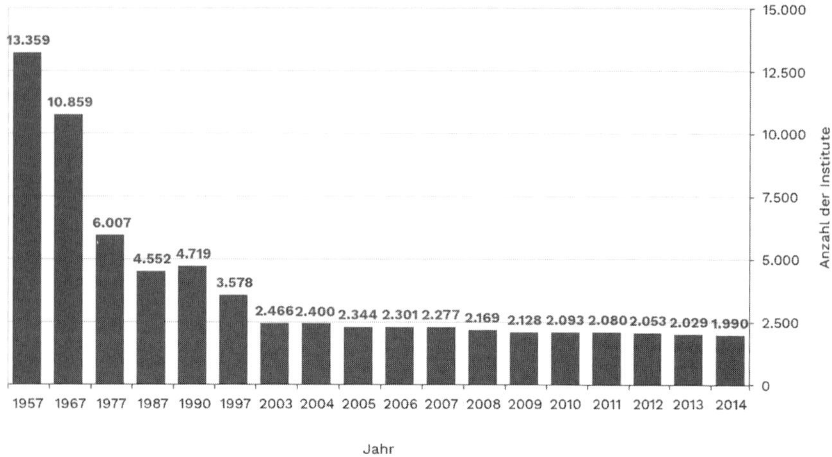

Abbildung 13: Entwicklung der Anzahl der Banken in Deutschland

Das deutsche Bankensystem ist durch Universalbanken gekennzeichnet, die das gesamte Spektrum der Bank- und Finanzdienstleistungsgeschäfte anbieten. Anders als etwa das Trennbankensystem in den USA, wo es für jedes Geschäft Spezialisten gibt, führt ein Universalbankensystem zu einem geringeren Wettbewerb auf den einzelnen Wertschöpfungsstufen. Filialbanken verkaufen Fonds ihrer Kapitalanlagegesellschaft, auch wenn diese möglicherweise nicht zu den besten in ihrer Klasse gehören.

Im Rahmen der »*S&P Awards 2006*« der Rating-Agentur Standard & Poor's wurde ermittelt, dass der Anteil von unabhängigen Vermögensverwaltern unter den Top-3-Fonds in allen Sektoren 27,8% betrug, obwohl deren Anzahl unter allen Fonds mit 15,4% deutlich geringer war. In Deutschland sind mehr als 350 unabhängige Vermögensverwalter zugelassen, von denen sich etwa 200 im Verband unabhängiger Vermögensverwalter (VUV) zusammengeschlossen haben.

In der Finanzbranche werden zahlreiche verdeckte Entgelte von Produktanbietern an Vertriebsstellen bezahlt. Diese Rückvergütungen – sogenannte Retrozessionen – waren lange Zeit weitgehend unbekannt. Erst im Rahmen der MiFID-Richtlinie hat der Gesetzgeber seit 1. November 2007 die Vertriebsstellen verpflichtet, ihren Kunden auf Interessenkonflikte aus derartigen Anreizsystemen hinzuweisen.

Anlageberater haben bei der Auswahl der Produkte einen großen Handlungsspielraum. Weil die Anbieter für einzelne Produkte unterschiedliche Bestandsprovisionen bezahlen, hat der Anlageberater beziehungsweise der Vermögensverwalter ein Interesse zur Wahl von Produkten mit höherer Provision (siehe Abbildung 14).

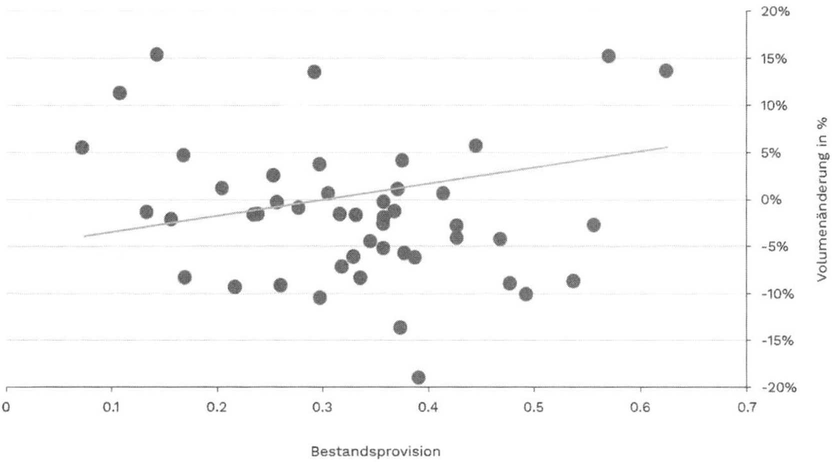

Abbildung 14: Bestandsprovisionen und Mittelflüsse von Investmentfonds (21.07.2012–21.07.2016)

Diese teureren Produkte sind meistens auch schlechter, was schlichtweg durch die Kosten begründet werden kann: Mehr Geld für den Vermittler bedeutet weniger Rendite für den Anleger (siehe Abbildung 15). Unabhängige Vermögensverwalter und Honorarberater verrechnen in der Regel sämtliche Rückvergütungen mit der eigenen Verwaltungsvergütung, um den Zielkonflikt aufzulösen.

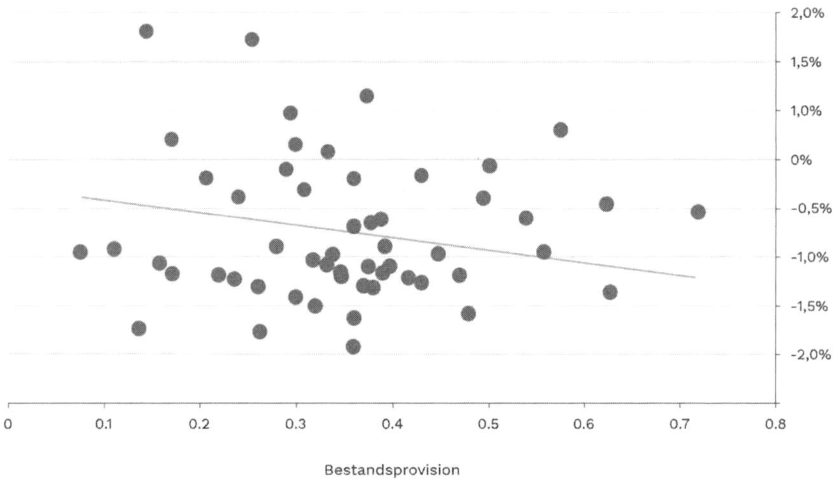

Abbildung 15: Bestandsprovisionen und relative Performance von Investmentfonds (21.07.2012–21.07.2016)

Seit ein paar Jahren haben sogar Privatpersonen die Möglichkeit, eigene Finanzprodukte anzubieten. Auf Social-Trading-Plattformen wie beispielsweise *Wikifolio* können Privatanleger ihre Handelsstrategie verbriefen und somit für andere investierbar machen.

Die hierfür erforderliche Mindestsumme beträgt bei *Wikifolio* lediglich 5.000 Euro. Früher war die erforderliche Mindestanlage für die Auflegung eines Fonds in der

Größenordnung von 30 Millionen Euro. Social Trading ist grundsätzlich eine Form der unregulierten Anlageberatung und Vermögensverwaltung.

Allerdings werden die investierbaren Portfolios in der Struktur von verbrieften Derivaten von regulierten Finanzinstituten emittiert. Auf der Plattform *Wikifolio.com* gibt es 14.118 Portfolios (Stand: 15.07.2016), von denen 4.846 als verbrieftes Derivat von der Lang & Schwarz AG emittiert wurden.

Social-Trading-Konzepte sind eine interessante Möglichkeit, um talentierte Fondsmanager zu finden. Gleichwohl gibt es dort auch viele Personen, die starke Einzelwetten implementieren und somit nicht für eine nachhaltige Kapitalanlage geeignet sind. Wer als Privatanleger hierauf achtet und nicht blind einer Handelsstrategie folgt, kann auf solchen Plattformen einen echten Mehrwert finden.

Der systemimmanente Zwang zum Beschwichtigen

Ein wesentliches Problem in der Finanzindustrie ist der systemimmanente Zwang zum Beschwichtigen. Wichtige Akteure müssen Dinge regelrecht schönreden, um nicht die eigene Geschäftsgrundlage zu verlieren: Fondsmanager, die gegenüber ihren Anlegern ehrlich sind und fehlende Investitionsmöglichkeiten zugeben, werden Mittelabflüsse und damit Einkommenseinbußen erleiden. Bankmanager, die von Risiken in ihrem Geschäft berichten, sehen sich mit steigenden Kapitalkosten konfrontiert. Und Politiker, die ihren Wählern Probleme präsentieren, werden nicht mehr gewählt.

Dieser Zwang entsteht, weil schlechter informierte Privatanleger mit der falschen Erwartungshaltung an die Finanzindustrie herantreten. In einer Welt voller »Hurra-Meldungen«, die insbesondere auch durch Social-Media-Kanäle wie Facebook verstärkt wird, würde eine realistische Kommunikation schnell als schlechte Leistung bewertet werden.

Das Wertpapierhandelsgesetz zwingt den Berater zu einer umfassenden Risikoaufklärung. Der Gesetzgeber möchte hierdurch den Anlegerschutz verbessern. In der Praxis wird dadurch aber oft das Gegenteil erreicht. Einerseits sind die gesetzlich als »sicherste« Anlageklasse gekennzeichneten Staatsanleihen oder auch Festgeld langfristig vermutlich die riskantesten, wenn Staatspleiten oder Inflation die Anlage bedrohen.

Andererseits wird der Begriff »Risiko« aber in den Fragebögen derart inflationär verwendet, dass viele Anleger – ähnlich wie Raucher bei den Verpackungsbildern – das Problem schlichtweg ausblenden. Im Beratungsgespräch wird das Wort »Risiko« auf die Bedeutung einer Formalie reduziert. Die vom Berater auszuhändigenden Dokumente haben oftmals mehr als 100 Seiten, die von den wenigsten Kunden tatsächlich gelesen werden.

Privatanleger müssen wissen, dass die Kommunikation positiv verzerrt ist. Unternehmen beschäftigen teure Investor-Relations-Abteilungen, um (gute) Nachrichten dem Kapitalmarkt schnell zur Verfügung zu stellen. Je mehr Unsicherheit reduziert werden kann, umso geringer sind die Kapitalkosten.

Investoren brauchen grundsätzlich nicht nach positiven Informationen suchen, weil diese den Weg selbst an die Öffentlichkeit finden werden. Wichtiger sind vielmehr negative Informationen, die von den vielen positiven Kommunikationsstrategien überstrahlt werden.

Eine einfache Suche bei Google-Einträgen auf der Domain der börsenrelevanten Ad-hoc-Mitteilungen *dgap.de* zeigt für die Worte »besser« (1.960 Treffer), »schlechter« (758 Treffer), »übertroffen« (767 Treffer), »verfehlt« (474 Treffer) eine deutliche Verzerrung zugunsten positiver Formulierungen (Stand: 18.07.2016).[81]

Öffentliche und private Informationen

Eine Überrendite kann nur derjenige erzielen, der öffentliche Informationen zuerst umsetzt oder über private Informationen verfügt, die später anderen Marktteilnehmern auch zugehen. Seitdem Computer den Wertpapierhandel bestimmen, entscheiden die Grenzen der Physik über Erfolg und Miss-Erfolg an der Börse.

Wertpapierhändler stellen ihre Computer ins Rechenzentrum der Börse, damit die Kommunikationswege möglichst kurz werden. Für die Strecke zwischen London und Frankfurt benötigt das Licht 7 Millisekunden, weswegen eine Orderaufgabe in London zu spät in Frankfurt ankäme und keine Chance gegen lokale Marktteilnehmer hätte.

Die Börsen haben längst ein neues Geschäftsmodell gefunden und bieten sogenannte *Co-Location Services* an. Sie nehmen Rechner ihrer Kunden gegen Gebühr ins eigene Rechenzentrum auf, damit die Wege minimal werden.

In Datensätzen zu Hochfrequenzhandel findet man unterschiedliche Zeitstempel im Bereich von 5 bis 7 Nanosekunden.[82] In einer Nanosekunde legt das Licht 30 Zentimeter Wegstrecke zurück, weswegen selbst die Kabellänge innerhalb des Börsenrechenzentrums entscheidend ist. Aus Gründen der Chancengleichheit erhalten die Akteure dann (hoffentlich) ein gleich langes Kabel. Der Handel in diesem Grenzbereich wird von Arbitrage-Händlern wie Goldman Sachs oder Timber Hill dominiert, die Hunderte Millionen Euro in Hardware und Leitungen investieren.

In der sehr liquiden *Alphabet*-Aktie werden mehr als 99,7% der Aufträge maschinell erstellt und ausgeführt.[83] Die durchschnittliche Haltedauer einer Aktie in den USA hat sich aufgrund des Maschinenhandels auf 22 Sekunden reduziert.[84] Im Juni 2013 gab es bei der Amazon-Aktie erstmals mehr als 100.000 Kurse pro Sekunde in einem Wertpapier.

Kein Privatanleger kann hier mithalten, weswegen er gar nicht auf öffentliche Informationen im Handelsumfeld schauen sollte. Selbst wenn man bei der Umsetzung öffentlicher Informationen der Schnellste wäre, darf man nicht blind auf die Quelle vertrauen.

Im Juni 2011 hat beispielsweise die Deutsche Börse das Beratungshaus Kingsbury übernommen, das den wichtigen Einkäuferindex »Chicago PMI« (Chicago Purchasing Managers' Index) publiziert. Der Index ist eine der wichtigsten makroökonomischen Kennzahlen für Wertpapierhändler. Mit der Übernahme wurde das Geschäftsmodell des Index verändert: Während früher die wichtige Kennzahl für alle Marktteilnehmer um 8:45 Uhr Central Standard Time (CST) veröffentlicht wurde, erhalten nun Kunden des Produkts »*AlphaFlash*« der Deutschen Börse diese Daten in maschinenlesbarem Format bereits um 8:42 Uhr CST.

Personen, die diese Veränderung nicht mitbekommen haben, vertrauen auf die bisherige Zeitreihe und werden im Zweifel negativ getroffen, wenn ein exklusiver Kreis den zu erwartenden Markteinfluss durch entsprechende Positionen bereits vorweggenommen hat.

Wenngleich öffentliche Informationen alleine keine Überrendite ermöglichen, sind Informationsdienste mit öffentlichen Marktdaten ein sehr wichtiges Hilfsmittel für Anleger. Niemand hat die Zeit, um 52.000 Aktien allein zu analysieren. Deswegen benötigt man Filter, um den Fokus auf einen Teilmarkt zu lenken. Besonders hilfreich ist es auch, die Aktien von erfolgreichen Fondsmanagern als Vorauswahl zu betrachten.

Häufig vergessen Anleger, die über gewisse Screening Tools eine Menge von diversen Aktien filtern, dass es zu jedem großen Unternehmen ein paar Hundert Anleger gibt, die ausschließlich diese Aktie im Fokus haben. Wer also durch kurzfristige Filter Aktien in den eigenen Fokus bekommt, sollte sich bewusst sein, dass es möglicherweise auch sehr viel Spezialwissen zu den jeweiligen Aktien gibt, das man nur durch eine langfristige Betreuung erlangt.

Viele erfolgreiche Hedgefonds sammeln eigene Informationen oder beziehen diese von Quellen, die noch keine allzu weite Verbreitung haben. Im Bereich von Rohstoffanlagen gibt es innovative Ansätze, um Wissensvorsprünge aufzubauen. Manche Stromhändler messen die Wassertemperatur in den Flüssen vor und nach einem Atomkraftwerk, um Rückschlüsse auf die Stromproduktion zu bekommen. Über gewisse Sensoren kann auch eine Schätzung des Stromflusses in Oberlandleitungen erfolgen, was gute Prognosen über den Strompreis ermöglicht.

Mit Hilfe von Satelliten oder Drohnen werden die Standorte von Schiffen sowie deren Wassertiefe gemessen, um etwa im Ölhandel Rückschlüsse auf das weltweite Angebot machen zu können. Über installierte Kameras können Lastkraftwagen bei Zentrallagern gezahlt werden, um Rückschlüsse auf die Gewinnentwicklung von Händlern machen zu können.

Der größte Anlageerfolg aller Zeiten stammt von Warren Buffett und basiert nur auf öffentlichen Informationen, die jedoch besonders klug gefiltert, analysiert und bewertet werden. Seine Vorgehensweise wird deswegen im nächsten Kapitel dargestellt.

Der Anlageerfolg von Warren Buffett

Der Anlageerfolg von Warren Buffett mit seiner Beteiligungsholding Berkshire Hathaway ist die beste je gesehene Leistung an den Kapitalmärkten.[85] Buffett wurde von Forbes 2008 mit 62,0 Milliarden USD als reichster Mensch der Welt bezeichnet.

Aktuell (14.07.2016) liegt er mit 68,4 Milliarden USD und 19,5 Milliarden USD Rückstand auf seinen Freund Bill Gates auf Platz 3, was jedoch einzig der Tatsache geschuldet ist, dass er seit 2006 kontinuierlich Aktien verkauft und diese mehrheitlich der Gates-Stiftung für wohltätige Zwecke spendet. Sein ehemals 31%-Anteil an Berkshire Hathaway ist inzwischen auf 17% gesunken. Ohne diese Spenden wäre er mit knapp 125 Milliarden USD weiterhin – mit großem Abstand – auf Platz 1.

Kapitalmarkttheoretiker bezeichnen seine Anlageergebnisse als reinen Zufall. Buffett sei aus heutiger Sicht schlichtweg der Beste einer Vielzahl von Leuten, von denen auch die meisten gescheitert sind. Rückblickend gäbe es immer eine Person mit außerordentlichen Ergebnissen.

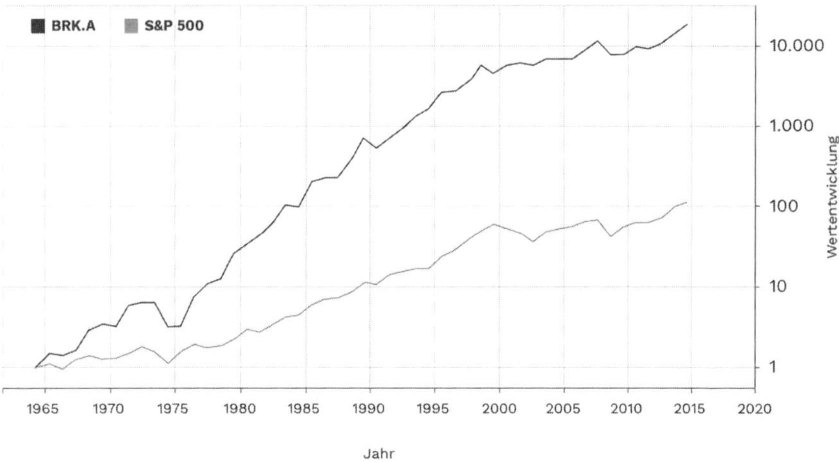

Abbildung 16: Berkshire Hathaway im Vergleich mit S&P 500 (1965 bis 2015, logarithmische Skala)

Warren Buffett gilt als konsequenter Vertreter einer *Value-Investing*-Strategie, die er bei seinem akademischen Lehrer Benjamin Graham gelernt hat. Dessen Buch *Intelligent Investieren* bezeichnet Buffett als das mit Abstand beste Buch, das je über das Investieren geschrieben wurde.

Value Investing ist das genaue Gegenteil von spekulativen Strategien wie Momentum Trading oder der Chartanalyse. Im Wesentlichen geht es darum, eine Aktie als Teil eines Unternehmens zu verstehen und das Unternehmen entsprechend als Ganzes zu bewerten. Buffett und Graham widersprechen der Theorie effizienter Märkte vehement und sehen »*Mister Market*« vielmehr als einen sehr launischen Menschen, der einmal zu niedrige Kurse und ein anderes Mal zu hohe Kurse aufruft. Wenn die eigene Analyse einen Aktienpreis ergibt, der eine ausreichend hohe Sicherheitsmarge beinhaltet, wird die Aktie konsequent gekauft.

In den Anfangsjahren kaufte Buffett Unternehmen, die Probleme hatten und außergewöhnlich billig waren. Er verglich dies mit »Zigarettenstummeln«, die man kostenlos aufheben und nochmals für einen Zug anzünden könne. Diese Strategie war vom Volumen stark begrenzt und eignete sich nur in den Anfangsjahren.

Durch den Einfluss seines Partners Charles Munger konzentrierte er sich später vor allem auf Qualitätsaktien, die eine große Zukunftsperspektive aufweisen. Inzwischen gehören mehr als 180 Weltmarken wie Coca-Cola, IBM oder Mars anteilig oder ganz zu seiner Beteiligungsholding.

Insgesamt arbeiten mehr als 367.000 Mitarbeiter für Berkshire Hathaway, allerdings beschäftigt die Holding in Omaha nur 25 Mitarbeiter. Sämtliche operative Entscheidungen delegieren Warren Buffett und Charles Munger auf ihre Manager. Vermutlich gibt es weltweit kein besseres Beispiel für »Lean Management«.

Die Outperformance von Berkshire Hathaway gegen den S&P 500 Index ist über die Jahre kleiner geworden (siehe Abbildung 17). Im Wesentlichen gibt es hierfür 2 Erklärungen.

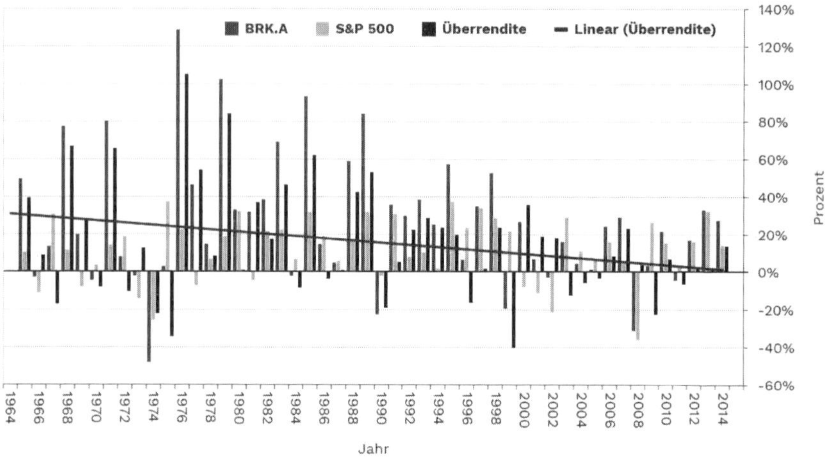

Abbildung 17: Outperformance von Berkshire Hathaway gegen S&P 500 Index

Erstens ist es zunehmend schwierig, für ein immer größer werdendes Portfolio unterbewertete Aktien zu finden. Während Warren Buffett früher einfach unbemerkt einzelne Aktien von »*Mister Market*« kaufen konnte, kauft er heute ganze Unternehmen und verhandelt hart mit Wirtschaftsprüfern und Anwälten.

Zweitens ist auch der erzielbare Informationsvorsprung über die Zeit geringer geworden. Zu Beginn seines Berufslebens Anfang der 1950er Jahre waren Börseninformationen kaum verfügbar. Buffett nutzte das *Moody's Manual*, ein sehr gutes Heft für börsennotierte Micro-Cap Stocks. Später kamen die »*Pink Sheets*« an die Nasdaq, wo Börseninformationen durch das National Quotation Bureau einer größeren Öffentlichkeit zugänglich wurden. Folglich sank der Informationsvorsprung weiter.

Im Jahr 1981 gründete Michael Bloomberg sein gleichnamiges Unternehmen und entwickelte ein Terminal für Börseninformationen, und auch die Nachrichtenagentur *Reuters* wandelte sich durch ihr Terminal zunehmend in einen Technologiekonzern. Dies war ein weiterer Fortschritt, der Informationen einer immer größer werdenden Öffentlichkeit zugänglich machte.

Andrea Frazzini, David Kabiller und Lasse Pedersen untersuchten den Anlageerfolg von Warren Buffett in ihrem Aufsatz *Buffett's Alpha.*[86] Der Aktienkurs Berkshire Hathaway hat sich besser entwickelt als jede andere Aktie oder jeder andere Fonds mit einer Historie von mehr als 30 Jahren. Die Sharpe-Ratio, eine Kennzahl für das Verhältnis von Rendite und Risiko, war mit 0,76 höher als bei allen anderen Anlegern.

Während frühere Wissenschaftler den Erfolg als Zufall bezeichneten und Buffett schlichtweg als den Besten einer Ex-post-Betrachtung sahen, ist die Erklärung jetzt differenzierter. Buffett konzentriert sich auf billige Aktien mit Wachstum und nutzt zudem einen Hebel bei seinen Investments, der sich u.a. durch die Prämieneinnahmen seiner 9 Versicherungsgesellschaften im Unternehmensverbund ergibt. Besonders wichtig sind hier der Direktversicherer für Autoschäden GEICO oder die Rückversicherung General Re.

Versicherungskunden bezahlen ihre Prämien vorschüssig. Solange noch kein Schaden eingetreten ist, kann Berkshire Hathaway dieses Geld auf eigene Rechnung investieren. Man spricht hier von einer negativen Kapitalbindung, weil Geld aus dem Geschäft entnommen werden kann, ohne das Unternehmen schließen zu müssen. Dieses Kriterium ist ganz entscheidend in der Investmentphilosophie von Warren Buffett.

Inzwischen belaufen sich die Versicherungsprämien auf über 70 Milliarden USD. Die Autoren der Studie stellen fest, dass Buffett einen Hebel von bis zu 1,6 bei seinen Anlagen implementiert hat. Der »*Insurance Float*« stellt 36% des Fremdkapitals von Berkshire Hathaway dar und ist mit durchschnittlichen Kapitalkosten von 2,2% langfristig ca. 3% günstiger als US-Staatsanleihen gewesen. Aber warum kann jemand überhaupt einen solch starken Hebel einsetzen?

Die Erklärung ist hier ebenfalls sehr einfach: Weil er sich bei der Anlage konsequent auf Substanzwertaktien mit einem geringen Beta (»*Safe*«) und niedrigem Kurs-Gewinn-Verhältnis (»*Cheap*«) fokussiert, die selbst niedrigere Schwankungen als *Glamour Stocks* aufweisen, ist selbst das gehebelte Investment tragbar. Außerdem sind Buffetts Aktien stets profitabel, wachsen stetig und zahlen hohe Dividenden (»*High-Quality*«).

Dies stellt einen unglaublichen Wettbewerbsvorteil von Berkshire Hathaway dar, der auch in der Zeit nach Buffett und Munger bestehen wird. Wenngleich es kleinere Nachahmer wie etwa das Versicherungsunternehmen Markel gibt, ist dieser Vorteil in dieser Größenordnung weltweit einzigartig. Deutsche Versicherungsunternehmen werden stark reguliert und können oftmals gar nicht so stark in Aktien investieren. Außerdem gibt es dort mit der Überschussbeteiligung eine Partizipation der Versicherungskunden an etwaigen Überrenditen.

Andrea Frazzini, David Kabiller und Lasse Pedersen stellen zudem fest, dass die »*Public Stocks*« im Portfolio (37% Anteil) besser als die »*Wholly-Owned Subsidiaries*« (62% Anteil) abschnitten. Buffetts Aktienauswahl sei demnach besser als sein positiver Einfluss auf das Management.

Besonders interessant an ihrer Studie ist die Tatsache, dass sie die Erfolge von Buffett mit 2 Faktoren erklären können. Der *Betting-Against-Beta-Faktor* stammt von Andrea Frazzini und Lasse Pedersen und beschreibt die Tatsache, dass Buffett in Zeiten von Krisen gehebelt auf Markterholungen setzt.

Der *Quality-Minus-Junk*-Faktor von Clifford Assnes, Andrea Frazzini und Lasse Pedersen beschreibt die Kriterien bei der Aktienauswahl (siehe oben):[87] »Safe« (niedriges Beta), »Cheap« (niedriges Kurs-Gewinn-Verhältnis) und »High-Quality« (starkes Wachstum). Abbildung 18 zeigt eine Rückrechnung des »*Buffett-Style-Portfolios*« auf der Basis dieser beiden Faktoren.

Neben dem institutionellen Vorteil erklären auch Einstellungen und Charakterzüge von Warren Buffett die Erfolge. Man muss den Kapitalmarkt als launischen »*Mister Market*« verstehen, der Anlegern kontinuierlich Preise zuruft. Wichtig ist, dass man verinnerlicht, dass Chancen nur dann kommen, wenn Mister Market schlechte Laune hat, und nicht, wenn man gerade Geld zum Investieren hat.

Man muss sich nach dem Markt richten, weil der Markt sich nach niemand richtet und auf niemand wartet. Deswegen ist es sehr wichtig, stets handlungsfähig zu sein.

Abbildung 18: Buffett-Style-Portfolio mit Betting-Against-Beta-Faktor und Quality-Minus-Junk-Faktor nach Frazzini/Kabiller/Pedersen (2013)

Ein Krokodil liegt im Wasserloch, weil es weiß, dass irgendwann die Büffel zum Wasser kommen müssen. Wenn aber das Krokodil vor lauter Eifer aus dem Wasser steigt und direkt in der Wüste nach Büffeln sucht, vertrocknet es schnell.

Fondsmanager werden meistens nach Zeit und verwaltetem Volumen bezahlt. Deswegen neigen sie dazu, stets Aktivität nachzuweisen. Es gibt jedoch auch häufig Phasen, in denen Nichtstun besser ist. Ein Fondsmanager wird dafür bezahlt, dass er richtige Entscheidungen trifft, und nicht dafür, dass er sehr viele Entscheidungen trifft.

Außerdem meiden Fondsmanager es, gegen den Strom zu schwimmen. Jeffrey Vinik war ein Fondsmanager bei Fidelity, der über Jahre sehr erfolgreich war, weil er sich bei seinen Anlageentscheidungen nicht um den Index kümmerte. Als dann etwas schiefging, verlor er seinen Job.[88]

Der *Vinik-Effekt* beschreibt daher die Tatsache, dass nur wenige Fondsmanager deutlich von der Benchmark abweichen. Im Übrigen wird die Abweichung mit dem »*Tracking Error*« (Nachbildungsfehler) von der Fondsgesellschaft auch genau gemessen und überwacht.

Eine wesentliche Erweiterung der Anlagestrategie kam über Charles Munger, Partner und Kollege von Warren Buffett bei Berkshire Hathaway. Während Buffett sich anfangs auf stark unterbewertete Unternehmen im Small-Cap-Bereich fokussierte, riet er zu Investitionen in Qualitätsaktien wie Coca-Cola oder American Express. Unternehmen sollen neben einem attraktiven Preis auch über einen Wettbewerbsvorteil (»Burggraben«) verfügen, der mindestens 10 Jahre lang verteidigt werden kann. Außerdem soll ein Management vorhanden sein, das integer ist, langfristig motiviert ist und die Aufgabe liebt.

Anleger sollen darauf vertrauen, dass gute Manager auch morgen gute Ergebnisse liefern können – auch dann, wenn sich das Umfeld verändert. Ein guter Problemlöser ist stets besser als eine gute Problemlösung, weil dieser auch morgen noch schlau ist, wenn sich ganz andere Probleme stellen.

Unternehmen wie Google und Facebook, die beide von einem großen Netzwerkeffekt profitieren – ein unüberwindbarer Burggraben für Konkurrenten – und weltweit die größten Talente anziehen, werden aller Voraussicht nach auch zukünftig sehr gute Dienste anbieten und ihren Vorsprung ausbauen. Wenn zudem künstliche Intelligenz menschliche Arbeitskraft zunehmend ersetzt, gewinnen die Unternehmen, die ihre Maschinen mit den meisten Daten füttern können.

Abschließend sei noch erwähnt, dass Buffetts Integrität eine große Rolle für seinen Erfolg spielt. Als Hauptgesellschafter von Berkshire sorgt er für Ruhe und Kontinuität. Und jeder seiner 80 »*Buffett CEOs*« (Manager der Konzerngesellschaften) arbeitet mit großer Leidenschaft für ihn und seine Werte, weil sie sich mit ihm identifizieren.

Legendär ist seine Zeugenaussage im Salomon-Skandal bei der Anhörung im US-Senat am 10. September 1991. Damals hatten Wertpapierhändler des Brokers Salomon Brothers, deren Chairman Warren Buffett damals war, falsche Kurse für eine höhere Zuteilung von Staatsanleihen gestellt. Neben der Zusicherung jeglicher Aufklärung beschrieb er seinen Führungsstil mit folgenden Worten: »*Lose money for the firm, and I will be understanding. Lose a shred of reputation for the firm, and I will be ruthless.*« Seither wird dieser Videoausschnitt zu Beginn jeder Hauptversammlung im CenturyLink Center in Omaha ausgestrahlt.

Langfristige Werttreiber des Aktienmarkts

In der Nachrichtenwelt sind »*Bad News*« eigentlich »*Good News*«, weil sie Einschaltquote und Reichweite bringen. Täglich werden schlechte Nachrichten über Kriege, ökonomische Krisen und menschliche Tragödien gesendet. Bei aller Wichtigkeit der einzelnen Nachricht wird jedoch schnell der falsche Gesamteindruck vermittelt. Insgesamt befindet sich die Welt in einem besseren Zustand als noch vor einer Generation.

Die weltweite Mittelschicht ist im Zuge der Globalisierung stark angewachsen, und der medizinische Fortschritt hat die Kindersterblichkeit erheblich reduziert und die Lebenserwartung überall erhöht. Die Armut hat weltweit stark abgenommen: Während früher nur Könige mit der Pferdekutsche über kurze Strecken reisen konnten, kann heute jedermann mit dem Flugzeug entfernte Reiseziele erreichen.

Die beiden wesentlichen Determinanten für das Bruttosozialprodukt sind die Anzahl der Bevölkerung und der technische Fortschritt. Beide Faktoren sind in den letzten 200 Jahren stark gewachsen und wachsen auch weiterhin stark.

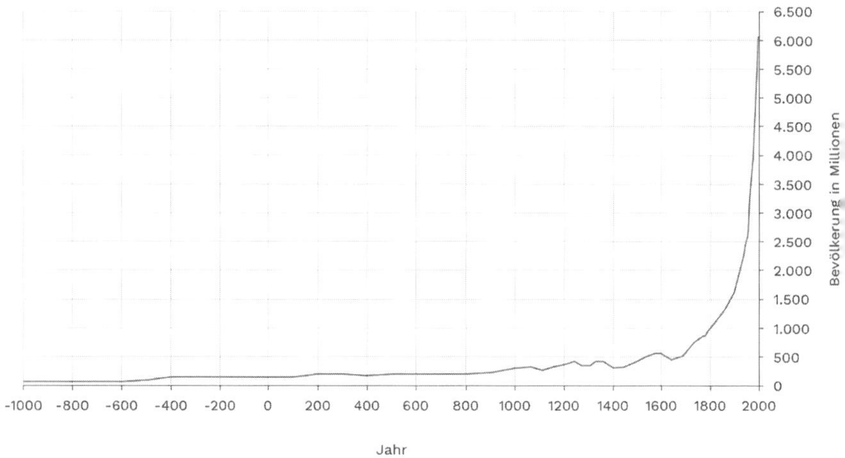

Abbildung 19: Entwicklung der Weltbevölkerung (1000 v. Chr. bis heute)

Die Weltbevölkerung überschritt im Jahr 1800 die Zahl von 1 Milliarde Menschen und stieg seitdem stark auf über 7 Milliarden. Der medizinische Fortschritt hat viele Krankheiten zurückgedrängt und auch die Lebenserwartung stetig gesteigert. Eine sehr wichtige Errungenschaft war auch die Erfindung der Massenherstellung von Ammoniak durch den deutschen Chemiker Carl Bosch, einem Neffen des Industriellen Robert Bosch, im Jahr 1908. Die dadurch mögliche Massenproduktion von Düngemittel war die Grundlage für die Ernährung einer immer größeren Weltbevölkerung.

Seit 1800 liegen auch die ersten Ergebnisse von Aktienmärkten vor, was insbesondere auch in der Zeitreihe von Jeremy Siegel (siehe Abbildung 7) sichtbar wird. Die erfolgreichen Unternehmen im Index haben immer mehr Kunden mit einem immer höheren Wohlstandsniveau erreicht.

Dieser positive Megatrend ist weiterhin intakt: In der Bevölkerungsforschung beobachtet man zwar, dass Länder mit einem höheren Realeinkommen eine niedrigere Geburtenrate haben. Dieses als *demografisch-ökonomische Paradoxon* bezeichnete Phänomen wird weltweit beobachtet und lässt relativ gute Entwicklungspfade für einzelne Länder vorhersagen.

Weil zudem nicht geborene Kinder auch nicht geborene Eltern sind, haben demografische Prognosen eine hohe Treffergenauigkeit. Während in vielen Industrienationen die Bevölkerung sinken wird, gibt es weltweit aber auch viele aufstrebende Entwicklungsländer mit hohem Bevölkerungswachstum, was den Bevölkerungsrückgang in den Industrieländern überkompensiert.[89]

Prognosen für die Weltbevölkerung der Vereinten Nationen sehen ein Wachstum bis zum Ende des 21. Jahrhunderts auf über 11 Milliarden Menschen voraus (siehe Abbildung 20). Bis dahin werden also immer mehr Konsumenten leben, die bei wachsendem Wohlstand auch über immer mehr Kaufkraft verfügen werden.

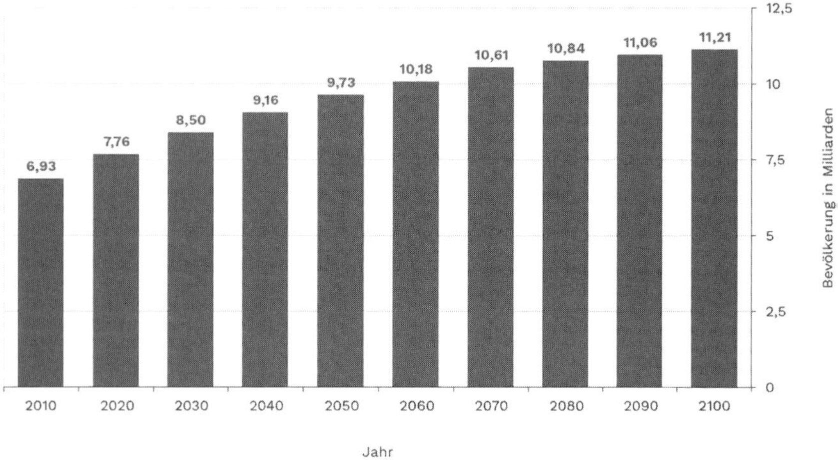

Abbildung 20: Prognose der Weltbevölkerung bis 2100

Auch wenn die Wachstumsraten der großen Volkswirtschaften in den letzten Jahrzehnten abgenommen haben, ist der technologische Fortschritt keinesfalls erschöpft. Vielmehr stehen wir gerade an einem Punkt, wo die richtig großen Produktivitätsschübe aus der Computertechnologie noch vor uns liegen.

Das von Gordon Moore formulierte *Mooresche Gesetz* beschreibt eine Verdopplung der Rechnerleistung durch Fortschritte in der Halbleitertechnik alle 18 Monate.[90] Aus heutiger Sicht ist noch kein Ende der Entwicklung absehbar. Zwar sind die Schaltkreise im Bereich von Nanometern und damit an der physikalischen Grenze angekommen, allerdings beginnen nun die Hersteller, mehrgeschossige Prozessoren zu bauen. Quantencomputer lassen sogar auf eine Beschleunigung der Rechnerleistung um den Faktor 100 Millionen hoffen.

Um zu verstehen, was die Entwicklung tatsächlich bedeutet, wird häufig die Metapher von der »zweiten Hälfte des Schachbretts« verwendet.[91] Der indische Erfinder des Schachbretts im 3. Jahrhundert sollte von seinem König belohnt werden. Auf die Frage des Königs nach der angemessenen Belohnung schlug der Erfinder ein Reiskorn für das erste Feld und eine Verdopplung der Körner für jedes weitere Feld vor.

Zunächst wurde er vom König für seine Bescheidenheit belächelt, bis dieser merkte, dass bei 64 Feldern insgesamt 18,4 Trillionen Reiskörner gefordert wurden. Dies sind mehr Körner, als damals auf der ganzen Welt verfügbar waren. Während anfänglich relativ kleine Reishäufchen auf jedem Feld liegen, werden in der zweiten Hälfte des Schachbrettes die Berge so groß, dass sie die Vorstellungskraft übersteigen.

Bezogen auf das Beispiel der Computertechnologie startet die Kalkulation im Jahr 1958, als in den USA der erste Computer zum Einsatz kam. Ab 2005 befinden wir uns in der »zweiten Hälfte«. Jetzt kommen Innovationen wie selbstfahrende Autos, Flugdrohnen oder leistungsstarke Roboter mit künstlicher Intelligenz, die dem Menschen ebenbürtig sind oder seine Leistungen bereits überflügeln.

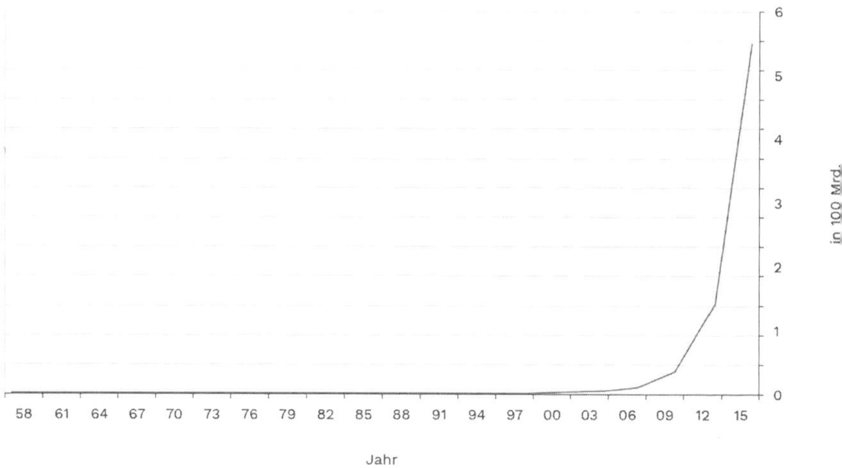

Abbildung 21: Mooresches Gesetz (Verdopplung der Rechnerleistung alle 18 Monate)

Abbildung 21 zeigt das Mooresche Gesetz. Während die Zeit horizontal »verstreicht«, zeigt die Rechnerleistung vertikal regelrecht eine »Wand« an. Breite Teile der Gesellschaft unterschätzen die Geschwindigkeit der technologischen Entwicklung. Es ist vergleichbar mit Popcorn in der Mikrowelle. Lange Zeit passiert nichts, bevor vereinzelt ein Maiskorn platzt. Wenn alle Maiskörner kurz darauf 163 Grad heiß geworden sind, ist die Mikrowelle ganz schnell voller Popcorn.

Die künstliche Intelligenz ist bereits so weit, dass Computer die Intelligenz eines 13-jährigen Menschen erreichen.[92] Für spätestens das Jahr 2025 wird erwartet, dass Computer intelligenter als Menschen sein werden. In nur einer Generation (40 Jahre) wird es eine künstliche Intelligenz geben, die mehr Denkleistung als die gesamte Menschheit erbringen kann. Es ist daher davon auszugehen, dass der technische Fortschritt sich zukünftig beschleunigen und menschliche Arbeitskraft nicht nur produktiver machen, sondern sie ganz ersetzen wird.

Vermutlich werden diejenigen Unternehmen, die im Weltindex notiert sind und damit zu den erfolgreichen und überlebenden Unternehmen gehören, dadurch wirtschaftlich erfolgreicher werden. Welche Unternehmen dies sein werden, ist allerdings schwer zu sagen.

Im Jahr 1997 erschien ein Buch von Arie de Geus und Peter Senger mit dem Titel *The Living Company*, das die Lebenserwartung von Unternehmen untersuchte. Ein durchschnittliches Fortune-500-Unternehmen hat eine Lebensdauer von 40 bis 50 Jahren. Es dauert auch 25 bis 30 Jahre, bis ein neues Unternehmen in den Index aufgenommen wird. Dies bedeutet, dass nach 15 bis 20 Jahren durchschnittliche Unternehmen wieder aus dem Index verschwinden.

Von den 50 wichtigsten Aktien an der New York Stock Exchange aus dem Jahr 1911 ist heute nur noch ein Unternehmen übrig: General Electric. Alle anderen Unternehmen haben sich entweder so schlecht entwickelt, dass sie aus dem Index gefallen oder gar pleitegegangen sind.

Oder sie wurden durch andere Firmen übernommen. Die Wahrscheinlichkeit, dass ein Unternehmen langfristig erfolgreich ist und eigenständig überlebt, ist bestenfalls gering.

Kauft man den Aktienindex der »überlebenden« Unternehmen, die langfristig weltweit immer mehr und immer wohlhabendere Kunden finden, so ist die Wahrscheinlichkeit extrem hoch, dass hierbei Wert entstehen wird. Hinzu kommt, dass Anleihen keine echte Alternative mehr darstellen.

Die bisherigen Kursgewinne wurden durch die gesunkenen Zinsen verursacht. Weil die Zinsen bei null angekommen sind, gibt es von dieser Seite ein gewaltiges Kursrisiko. Auf gar keinen Fall sollten Privatanleger Staatsanleihen mit einem Negativzins halten, weil diese von kurzfristigen Festgeldanlagen dominiert werden. Hier ist der Zins null, und es besteht kein Kursänderungsrisiko.

Fazit

Leider neigen die meisten Menschen dazu, einfache Dinge komplex zu machen. Je intensiver Menschen nachdenken, umso mehr Alternativen versuchen sie bei ihrer Entscheidung zu berücksichtigen. Für eine Überrendite ist dies oftmals nicht hilfreich. Oftmals ist Einfachheit der Schlüssel zum Erfolg.

Privatanleger halten viel mehr Fondsanteile als Aktien, weswegen den Fondsmanagern eine besonders wichtige Rolle zukommt. Das »Delegated Portfolio Management« ist in den letzten Jahrzehnten stark gewachsen. In letzter Instanz sind daher auch die Entscheidungen der Privatanleger für die Kursentwicklung an der Börse relevant:

Wenn auf den Titelseiten der Boulevardzeitungen Börsennachrichten angekommen sind, werden Mittelflüsse in Fonds ausgelöst, die rationale Entscheidungen von Portfoliomanagern überlagern. Die Nobelpreisformel zur Portfoliooptimierung ist irrelevant, wenn der Fondsmanager im größeren Stil Aktien verkaufen muss, um Abflüsse von Privatanleger auszubezahlen.

Komplexität entsteht aber nicht nur bei den Entscheidungsträgern, sondern wird diesen auch oftmals durch Gesetze und Anlagerichtlinien vorgegeben. In guter Absicht geben Aufsichtsbehörden Rahmenbedingungen vor, die allerdings Rendite kosten. Dies gilt insbesondere für die großen institutionellen Anleger wie Pensionskassen und Versicherungen.

An der Börse fressen nicht die Großen (Institutionelle Anleger) die Kleinen (Privatanleger), sondern die Schnellen fressen die Langsamen. Deswegen haben Privatanleger einen großen Vorteil bei der Erzielung von Überrenditen. Zu wissen, welche Beschränkungen die Großanleger haben, eröffnet lukrative Lücken für Kleinanleger.

Weltweit gibt es knapp 12 Millionen Finanzinstrumente. Die Finanzinstitute schaffen ein immer größeres Angebot in der Hoffnung, dass sie dann noch mehr Nachfrage bedienen können. Tatsächlich fühlen sich aber viele Privatanleger mit einem Überangebot überfordert und kaufen lieber kein Finanzinstrument, bevor sie aus ihrer Sicht eine Fehlentscheidung treffen. Die Finanzindustrie braucht dringend eine »Simplify«-Offensive, damit sie die Endkunden wieder erreicht.

Der berühmteste Ökonom des 19. Jahrhunderts, John Maynard Keynes, beschrieb die Börse als Schönheitswettbewerb. Als Schönste gilt diejenige, die von allen als Schönste gewählt wird. Deswegen muss man die Entscheidungen der anderen antizipieren und seine subjektive Vorstellung von Schönheit zurückstellen. Einfache Kriterien werden immer mehr Zustimmung als komplexe Kriterien finden.

Es wurden viele wissenschaftliche Studien präsentiert, wie man Überrenditen erzielen kann. In den allermeisten Fällen ist die Begründung für die Überrenditen intuitiv und mit gesundem Menschenverstand zugänglich.

Aktives Management ist meistens dann schlecht, wenn Märkte starken Wettbewerb aufweisen. Hier empfiehlt es sich oftmals, passive Produkte zu wählen. In Nischenmärkten, aber auch für dynamische Anlagestrategien macht es Sinn, aktive Portfoliomanager zu bezahlen.

Der Anlagehorizont ist besonders wichtig für das langfristige Ergebnis, weil an der Börse Risikoprämien pro Zeit verdient werden. Aufgrund einer zeitlichen Diversifikation sind Risiken im Langfristkontext geringer. Privatanleger müssen keine Bilanzstichtage einhalten und können deswegen langfristiger denken und höhere Risikoprämien verdienen.

Kapitalmärkte sind relativ, aber niemals vollständig effizient. Es lohnt sich immer, nach Informationsvorsprüngen zu suchen. Natürlich wird dies immer schwieriger, wenn Informationen leichter verfügbar sind und immer mehr gut ausgebildete Personen im Wettbewerb stehen. Eine Überrendite ist deswegen oft das Ergebnis harter Arbeit.

Es gibt Beobachtungen, dass kleinere Unternehmen mehr Rendite als große Unternehmen erbringen. Außerdem sind langfristig Substanzwerte besser als Wachstumswerte. Zudem gibt es gewisse Kalendereffekte an der Börse, die meistens durch einfache Dinge erklärt werden.

Firmenrettungen werden am Wochenende besprochen, weswegen schlechte Nachrichten eher am Montag auftreten. Steuerliche Verluste müssen meistens im Dezember realisiert werden, weil dies oft das Geschäftsjahresende darstellt. Für solche Erklärungen reicht ein gesunder Menschenverstand.

Technische Analyse und Daytrading sind sehr schwierig und sollten nur mit sehr guten Informationssystemen erfolgen, die auch Fundamentaldaten berücksichtigen und über mächtige Filter ein großes Universum auf wenige relevante Indikatoren reduzieren.

Je offensiver Fondsmanager Geld einwerben, umso eher werden sie nur durchschnittliche Renditen abliefern. Fondsmanager, die relativ sicher eine Überrendite erwirtschaften, setzen signifikant eigenes Geld ein und möchten den Mehrwert selbst behalten.

Weil schlechte Fonds geschlossen werden oder auch Unternehmen scheitern, ist eine Ex-post-Betrachtung der Überlebenden immer zu positiv. Anleger sollten dies immer berücksichtigen, wenn sie historische Ergebnisse bewerten.

Viele Verhaltensfehler von Anlegern sind einfach abzustellen, wenn man sich dieser bewusst wird. Interessanterweise sind intelligentere Menschen oftmals anfälliger für Fehler. Sie zweifeln häufiger an sich selbst als dumme Menschen, die mangels Kompetenz ihre eigenen Schwächen nicht erkennen.

Frauen reagieren nicht so stark auf neue Informationen wie Männer und verursachen daher weniger Transaktionskosten. Weil sie genauso wenig Prognosekraft wie Männer haben, erzielen sie im Mittel eine höhere Rendite.

Fondsratings und Analystenempfehlungen sind wichtige Vertriebsmittel. Nur selten haben sie aber eine echte Prognosekraft. Bei Fondsratings sind meist nur die schlechten Ratings aussagekräftig, weil schlechte Fonds keine weiteren Mittel einsammeln können und daher strukturelle Kostenprobleme haben.

Die Öffnung der Finanzindustrie für White-Label-Produkte hat den Wettbewerb erhöht und führt zu mehr Spezialisten auf der jeweiligen Wertschöpfungsstufe. Für den Privatanleger bedeutet dies eine höhere Qualität.

Insgesamt leidet die Finanzindustrie unter »Salesmanship«. Jeder ist zum Beschwichtigen verdammt, wenn er im Geschäft bleiben will. Fondsmanager mit schlechten Aussichten erleiden Mittelabflüsse, Bankmanager mit Risiken sehen höhere Kapitalkosten, und Politiker mit Problemen will niemand wählen. Als Privatanleger sollte man diese positive Verzerrung bei der Kommunikation kennen und richtig einschätzen.

Eine nachhaltige Überrendite schafft nur, wer öffentliche Informationen zuerst hat oder über private Informationen verfügt, die später anderen auch zugehen. Bei öffentlichen Informationen erfolgt die Verarbeitung im Bereich von wenigen Nanosekunden, weswegen Privatanleger hier keine Chance haben. Privaten Informationen zu gewinnen ist aber sehr aufwendig und erfordert innovative Ideen und großen Fleiß.

Der beste Anleger der Welt ist Warren Buffett, der mit seiner Beteiligungsholding Berkshire Hathaway über 5 Jahrzehnte mehr als 20% pro Jahr Rendite erwirtschaftet hat. Eine kürzlich erschienene wissenschaftliche Studie zeigt, dass sein Anlageerfolg durch eine konsequente Umsetzung einer Value-Strategie mit einem gesunden Einsatz von Fremdkapital erklärt werden kann.

Auch wenn täglich schlechte Meldungen die Nachrichten dominieren, wird die Welt nicht untergehen. Die Weltbevölkerung wird weiterwachsen, und auch der technische Fortschritt beschleunigt sich gerade durch die Digitalisierung. In diesem Umfeld werden Aktien die beste Anlageklasse bleiben. Gerade Privatanleger sollten sich nicht verunsichern lassen und optimistisch in die Zukunft blicken.

Wenn Sie besonders intelligent sind und sich jetzt ärgern, dass dies bei der Kapitalanlage kein großer Vorteil ist, haben Sie trotzdem einen Vorsprung: Ein Schlauer kann sich dumm stellen, aber ein Dummer kann sich nicht schlau stellen.

Abbildungs- und Literaturverzeichnis

Abbildungsverzeichnis

Literaturverzeichnis

Asness, Clifford/Frazzini, Andrea/Pedersen, Lasse (2013): Quality Minus Junk, Working Paper Yale University, 9 October 2013.

Bachmann, Ralph (2004): A Theory of IPO Underpricing, Issue Activity, and Long-Run Underperformance, SSRN Working Paper No. 642324.

Banz, Rolf (1981): The Relationship between Return and Market Value of Common Stocks, in: Journal of Financial Economics, Vol. 9, S. 3–18.

Barber, Brad/Odean, Terrance (2001): Boys Will Be Boys: Gender, Overconfidence, And Common Stock Investment, in: Quarterly Journal of Economics, Vol. 116, No. 2, S. 261–292.

Benford, Frank (1938): The Law of Anomalous Numbers, in: Proceedings of the American Philosophical Society, S. 551–572, Philadelphia 1938.

Birg, Herwig (2013): Die demographische Zeitenwende als Herausforderung für Wirtschaft, Gesellschaft und Demokratie, Vortrag anlässlich der 8. Jahrestagung des Münchner Finance Forum e.V. am 19.09.2013.

Black, Fischer/Scholes, Myron (1973): The Pricing of Options and Corporate Liabilities, in: The Journal of Political Economy, Vol. 81, No. 3, S. 637–654.

Bopp, Thomas (2002): Warum Profis logarithmische Charts benutzen, Frankfurter Allgemeine Zeitung vom 12.05.2002.

Brynjolfsson, Erik/McAfee, Andrew (2014): The Second Machine Age, Norton & Company, New York City 2014.

Buffett, Warren (1989): Chairman's Letter, http://berkshirehathaway.com/letters/1989.html.

Burghof, Hans-Peter (2012): High Frequency Trading – was sehen wir, was bringt es? Präsentation im Rahmen des XING-Kapitalmarkt-Kolloquiums in den Räumen der Börse Stuttgart am 12.09.2012.

Carhart, Mark (1997): On Persistence in Mutual Fund Performance, in: Journal of Finance, Vol. 52, No. 1, S. 57–82.

Christen, Markus/Morgan, Ruskin (2005): Keeping Up With the Joneses: Analyzing the Effect of Income Inequality on Consumer Borrowing, Springer Science 2005.

Cünnen, Andrea (2005): Profis ticken anders, http://www.handelsblatt.com/finanzen/maerkte/bulle-baer/50-jaehrige-anleihe-trotz-niedriger-rendite-heiss-begehrt-profis-ticken-anders/2477646.html.

De Geus, Arie/Senge, Peter (1997): The Living Company, Harvard Business School Press 1997.

DeBondt, Werner/Thaler, Richard (1985): Does the Stock Market Overreact?, in: Journal of Finance, Vol. 40, S. 793–805.

Del Guercio, Diane/Tkac, Paula (2001): Star Power: The Effect of Morningstar Ratings on Mutual Fund Flows, Federal Reserve Bank of Atlanta, Working Paper 2001–15.

Deutsche Bundesbank (2014): Ergebnisse des Basel III Monitoring für deutsche Institute, März 2014.

Deutsche Presse-Agentur (2016): Allianz-Chef greift Niedrigzins-Politik der EZB an, DPA-Meldung vom 19.01.2016.

Dow, Charles (1896): Average Movement of Prices, Kolumne im Wall Street Journal ab 1896.

Dubois, Michel/Louvet, Pascal (1996): The Day of the Week Effect: The International Evidence, in: Journal of Banking and Finance, Vol. 20, No. 9, S. 1463–1484.

Eisenhofer, Alexis (2004): Optimale Aktienquote im Lebenszyklus, dissertation.de Verlag 2004.

Eisenhofer, Alexis (2014): Niedrigzins, Hochfrequenzhandel und Finanzsystem in der Vertrauenskrise, Vortrag bei Satell am 13. November 2014 in München.

Elliott, Ralph Nelson (1940): The Basis of the Wave Principle, Elliott's Essay, October 1940.

Elton, Edwin/Gruber, Martin/Blake, Christopher (1996): Survivorship Bias and Mutual Fund Performance, Review of Financial Studies, Vol. 9, No. 4, S. 1097–1120.

Evans, Richard (2008): The Incubation Bias, SSRN Working Paper No. 1005167, 2008.

Ewing, John (2016): The Canadian Stock Market, Präsentation im Rahmen des deutschsprachigen Investorentreffens am 29.04.2016 in Omaha, Nebraska.

Fama, Eugene (1970): Efficient Capital Markets: A Review of Theory and Empirical Work, in: The Journal of Finance, Vol. 25, No. 2, S. 383–417.

Farrow, Paul (2012): How Long Does the Average Share Holding Last? Just 22 Seconds, in: The Telegraph (www.telegraph.co.uk), 18.01.2012.

Festinger, Leon (1957): A Theory of Cognitive Dissonance, Stanford University Press 1957.

Focus (2015): Attacke gegen Niedrigzins-Politik der EZB, Focus Online vom 16.04.2015.

Fontaine, Jean-Sébastien/Garcia, René/Gungor, Sermin (2015): Funding Liquidity, Market Liquidity and the Cross-Section of Stock Returns, Working Paper 2015–12, Bank of Canada.

Frazzini, Andrea/Kabiller, David/Pedersen, Lasse (2013): Buffett's Alpha, NBER Working Papier No. 19681.

French, Kenneth (2008): The Cost of Active Investing, NBER Working Paper No. 1105775.

Frieder, Laura/Zittrain, Jonathan (2007): Spam Works: Evidence from Stock Touts and Corresponding Market Activity, Berkman Center Research, Publication No. 2006–11, SSRN Working Paper No. 920553, 2007.

Heller, Gottfried (2015): Der einfache Weg zum Wohlstand, FinanzBuch Verlag, München 2015.

Heller, Gottfried (2015): Eindrücke von der 11. Jahrestagung des Münchner Finance Forum e.V., www.youtube.com/watch?v=pXgQ3gTLPzo.

Helten, Elmar (1989): Planung in Versicherungsunternehmen, in: Szyperski, Norbert/Wienand, Udo (Hrsg.): Enzyklopädie der Betriebswirtschaftslehre, S. 2177–2185, Stuttgart 1989.

Heun, Michael (2007): Finanzmarktsimulation mit Multiagentensystemen, Deutscher Universitätsverlag 2007.

Irwin, Scott/Park, Cheol-Ho (2007): What Do We Know About the Profitability of Technical Analysis? Journal of Economic Surveys, Vol. 21, No. 4, S. 786–826.

Jank, Stephan (2012): Mutual Fund Flows, Expected Returns, and the Real Economy, in: Journal of Banking & Finance, Vol. 36, No. 11, S. 3060–3070.

Jegadeesh, Naraimham/Titman, Sheridan (1993): Returns to Buying Winners and Selling Losers: Implications for Stock Market Efficiency, in: Journal of Finance, Vol. 48, S. 65–91.

Jorion, Philippe (2000): Risk Management Lessons from Long-Term Capital Management, in: European Financial Management, Vol. 6, S. 277–300.

Kempf, Alexander (1999): Wertpapierliquidität und Wertpapierpreise, Springer-Verlag.

Kirchner, Christian (2007): Gutes Timing, in: Handelsblatt vom 11.08.2007.

Kirsch, Werner (1998): Die Handhabung von Entscheidungsproblemen, 5. Auflage, Herrsching 1998.

Lakonishok, Josef/Maberly, Edwin (1990): The Weekend Effect: Trading Patterns of Individual and Institutional Investors, in: Journal of Finance, Vol. 45, Nr. 1, S. 231–243.

Lingner, Ulrich (2013): Kapitalanlagemanagement bei Altersversorgungseinrichtungen, in: Leser, Hartmut/Rudolf, Markus (Hrsg.): Handbuch Institutionelles Asset Management, S. 268–290.

Lintner, John (1965): The Valuation of Risk Assets and the Selection of Risky Investments in Stock Portfolios and Capital Budgets, in: Review of Economics and Statistics, Vol. 47, No. 1, S. 13–37.

Magoon, Christian (2013): When Does Active Management Make Sense? in: The Wall Street Journal vom 21.04.2013.

Malkiel, Burton (1973): A Random Walk Down Wall Street, W.W. Norton & Company, New York 1973.

McKinsey Global Institute (2015): Debt And (Not Much) Deleveraging, Februar 2015.

Mehra, Rajnish/Prescott, Edward (1985): The Equity Premium – A Puzzle, in: Journal of Monetary Economics, Vol. 15, S. 145–161.

Meinhardt, Christian (2011): Ratings and Performance of German Mutual Funds: A Comparison of Feri Trust, Euro Fondsnote and Finanztest, Humboldt Universität Berlin 2011.

Merton, Robert (1969): Lifetime Portfolio Selection under Uncertainty: The Continuous-Time Case, in: The Review of Economics and Statistics, Vol. 51, No. 3, S. 247–257.

Moldovan, Ioana (2011): Stock Markets Correlation: Before and During the Crisis Analysis, in: Theoretical and Applied Economics, Vol. 18, No. 8, S. 111–122.

Moore, Gordon (1965): Cramming More Components Onto Integrated Circuits, in: Electronics, Vol. 38, Nr. 8, S. 114–117.

Mossin, Jan (1966): Equilibrium in a Capital Asset Market, in: Econometrica, Vol. 34, No. 4, S. 768–783.

Niessen-Ruenzi, Alexandra (2015): Frauen jenseits der 70 sind die besten Anleger, in: Die Welt, 5. Oktober 2015.

Niessen-Ruenzi, Alexandra/Ruenzi, Stefan (2015): Sex Matters: Gender Bias in the Mutual Fund Industry, NBER Working Paper No. 1957317.

Philips, Christopher/Kinniry, Francis Jr./Schlanger, Todd/Hirt, Joshua (2014): The Case for Index-Fund Investing, Vanguard Research 2014.

Reinganum, Marc (1983): The Anomalous Stock Market Behavior of Small Firms in January: Empirical Tests for Tax-Loss Selling Effects, in: Journal of Financial Economics, Vol. 12, Nr. 1, S. 89–104.

Roll, Richard (1983): On Computing Mean Returns and the Small Firm Premium, in: Journal of Financial Economics, Vol. 12, Nr. 3, S. 371–386.

Rudman, Laurie (1998): Self-Promotion as a Risk Factor for Women: The Costs and Benefits of Counterstereotypical Impression Management, in: Journal of Personality and Social Psychology, Vol. 74, No. 3, S. 629–645.

Saber, Nasser (1999): Convergence Trade, in: Speculative Capital, Volume 1 – The Invisible Hand of Global Finance, Printice Hall 1999.

Samuelson, Paul (1969): Lifetime Portfolio Selection By Dynamic Stochastic Programming, in: The Review of Economics and Statistics, Vol. 51, No. 3, S. 239–246.

Sauren, Eckhard (2011): Kleine Fonds sind oft besser als große, Frankfurter Allgemeine Zeitung vom 11.07.2011.

Schäfer, Dorothea (2013): Von Basel I nach Basel III und darüber hinaus, Vortrag an der 9. Jahrestagung des Münchner Finance Forum e.V. am 19. September 2013.

Schmidhuber, Jürgen (2015): Künstliche Intelligenz wird alles ändern – Auch die Finanzindustrie, Vortrag anlässlich der 18. Jahrestagung Portfoliomanagement am 09. und 10. Juni 2015 in Frankfurt am Main.

Schwartz, Barry (2004): The Paradox of Choice: Why More is Less, HarperCollins Publishers 2004.

Sharpe, William (1964): Capital Asset Prices: A Theory of Market Equilibrium under Conditions of Risk, in: Journal of Finance, Vol. 19, No. 3, S. 425–442.

Sharpe, William F. (1991): The Arithmetic of Active Management, in: The Financial Analysts' Journal, Vol. 47, No. 1, S. 7–9.

Shiller, Robert (1981): Do Stock Prices Move Too Much to Be Justified by Subsequent Changes in Dividends? American Economic Review, Vol. 71, No. 3, S. 421–436.

Shub, Gary/Beardsley, Brent/Donnadieu, Hélène/Gardiner, Nick/Hapelt, Craig/Macé, Benoît/Pardasani, Neil/Tamarelli, Katie/Tang, Tjun/Yamai, Yasuhiro (2015): Global Asset Management 2015: Sparking Growth with Go-to-Market Excellence, The Boston Consulting Group 2015.

Siegel, Jeremy (2014): Stocks for the Long Run, 5. Auflage, McGraw-Hill 2014.

Taylor, Dennis (2000): Firm's Market Cap Climbing to $1 Trillion, Silicon Valley Business Journal, 19.03.2000.

Tech News (2014): Computer Simulating 13-Year-Old Boy Becomes First to Pass Turing Test, theguardian.com vom 09.06.2014.

Thaler, Richard H. (1980): Toward a Positive Theory of Consumer Choice, in: Journal of Economic Behavior and Organization, Vol. 1, No. 1, S. 39–60.

Treynor, Jack (1962): Toward a Theory of Market Value of Risky Assets, unveröffentlichtes Manuskript, spätere Veröffentlichung in Robert Korajczyk (Hrsg.): Asset Pricing and Portfolio Performance: Models, Strategy and Performance Metrics, S. 15–22.

Tversky, Amos/Kahneman, Daniel (1974): Judgment under Uncertainty: Heuristics and Biases, in: Science, Vol. 185, S. 1124–1131.

Vardi, Nathan (2013): Star Hedge Fund Manager Quits After Gold Bet Flops, in: forbes.com vom 3. Mai 2013.

Weiler, Wolfgang (2009): Die Kapitalanlage der Versicherer im Spannungsfeld zwischen Regulierung und Ertragsnotwendigkeiten, Präsentation anlässlich der 5. Jahrestagung des Münchner Finance Forum e.V. am 22.10.2009.

Whitaker, Leslie (1996): The Beardstown Ladies' Common-Sense Investment Guide: How We Beat the Stock Market – And How You Can Too, New York 1996.

Anmerkungen

1 Vgl. Markowitz (1952).

2 Vgl. Bachmann (2004).

3 Durch Aktienrückkäufe verringert sich außerdem die Anzahl der ausstehenden Aktien, weswegen sich neben den Kurseffekten auch die Fundamentaldaten pro Aktie verbessern.

4 Vgl. Shub et al. (2015).

5 Vgl. Moldovan (2011).

6 Im Idealfall negativer Korrelation kann man das Risiko sogar vollständig eliminieren. Vgl. Markowitz (1952).

7 Vgl. Fontaine/Garcia/Gungor (2015).

8 Vgl. Jank (2012).

9 Vgl. Lingner (2013), S. 273.

10 Vgl. Cünnen (2005).

11 Vgl. Weiler (2009).

12 Vor diesem Hintergrund ist die öffentliche Kritik der Vorstandsvorsitzenden der Münchner Rück sowie der Allianz an der Niedrigzinspolitik der Europäischen Zentralbank sehr bemerkenswert und spricht doch dafür, dass die Unternehmen die Interessen der Versicherten vertreten. Vgl. Focus (2015) sowie Deutsche Presse-Agentur (2016).

13 Vgl. Schäfer (2013).

14 Vgl. Schäfer (2013).

15 Vgl. Deutsche Bundesbank (2014).

16 Siehe hierzu Eisenhofer (2014).

17 Vgl. Kempf (1999).

18 Quelle: financial.com, 28.07.2016.

19 Vgl. Burghof (2012).

20 Vgl. https://www.bundesregierung.de/ContentArchiv/DE/Archiv17/Regierungserklaerung/2012/2012-06-29-merkel.html.

21 Vgl. McKinsey Global Institute (2015).

22 Vgl. Schmidhuber (2015).

23 Vgl. Black/Scholes (1973).

24 Vgl. Kirsch (1998).

25 Vgl. Sharpe (1991).

26 Vgl. French (2008).

27 Vgl. Christopher Philips et al. (2014).

28 Vgl. Magoon (2013).

29 Vgl. Ewing (2016).

30 Vgl. Helten (1989).

31 Vgl. Kirchner (2007).

32 Vgl. Samuelson (1969). Siehe hierzu auch Merton (1969) für den Fall eines zeitstetigen Modells.

33 Siehe hierzu auch die Arbeit von Eisenhofer (2004).

34 Vgl. Fama (1970).

35 Vgl. Heun (2007).

36 Vgl. Shiller (1981).

37 Siehe hierzu Treynor (1962), Sharpe (1964), Lintner (1965) und Mossin (1966).

38 Dies gilt nur für systematisches Risiko, das nicht durch Diversifikation eliminiert werden kann.

39 Vgl. Banz (1982).

40 Siehe hierzu auch Mehra/Prescott (1985) oder Eisenhofer (2007).

41 Vgl. Buffett (1989).

42 Vgl. DeBondt/Thaler (1987).

43 Vgl. Taylor (2000).

44 Der *Dow Jones Industrial Average Index* ist aus historischen Gründen kursgewichtet. Zum Zeitpunkt seines Entstehens im Jahr 1896 war diese Berechnungsmethode am einfachsten. Je teurer eine Aktie wird, umso höher wird ihr Indexgewicht. Es gab bereits mehrfach Überlegungen zu einer Anpassung, jedoch wurde dies stets wieder verworfen.

45 Vgl. DeBondt/Thaler (1987).

46 Vgl. Dubois/Louvet (1996).

47 Vgl. Lakonishok/Maberly (1990).

48 Vgl. Reinganum (1983). Diese Aussage wird auch von Roll (1983) bestätigt, der zusätzlich zeigt, dass Aktien mit einer negativen Vorjahresrendite eine höhere Rendite im Januar aufweisen.

49 Vgl. Dow (1896).

50 Vgl. Elliott (1932).

51 Vgl. Irwin/Park (2007).

52 Vgl. Schmidhuber (2015).

53 Vgl. Bopp (2002).

54 Vgl. Malkiel (1973).

55 Vgl. Heller (2015).

56 Vgl. Sauren (2011).

57 Vgl. Elton/Gruber/Blake (1996).

58 Vgl. Kirsch (1998).

59 Vgl. Evans (2008).

60 Vgl. Benford (1938).

61 Vgl. Saber (1999).

62 Vgl. Jorion (2000).

63 Vgl. Tversky/Kahneman (1974).

64 Vgl. Christen/Morgan (2005).

65 Vgl. Thaler (1980).

66 Vgl. Festinger (1957).

67 Vgl. Vgl. Barber/Odean (2000).

68 Vgl. Schwartz (2004).

69 Vgl. Barber/Odean (2001).

70 Vgl. Niessen-Ruenzi (2015).

71 Vgl. Niessen-Ruenzi/Ruenzi (2015).

72 Vgl. Whitaker (1996).

73 Vgl. Rudman (1998).

74 Vgl. Meinhardt (2011).

75 Vgl. Kräussl/Sandelowsky (2007).

76 In der Wissenschaft wird von der sogenannten »Faktorladung« gesprochen.

77 Vgl. Carhart (1997).

78 Vgl. Blake/Morey (2000).

79 Vgl. Frieder/Zittrain (2007).

80 Vgl. Wilhelm (2011).

81 https://www.google.com/search?as_q=gut&as_epq=&as_oq=&as_eq=&as_nlo=&as_nhi=&lr=&cr=&as_qdr=all&as_sitesearch=dgap.de&as_occt=any&safe=images&as_filetype=&as_rights=#as_qdr=all&q=besser+site:dgap.de.

82 Vgl. Burghof (2012).

83 Vgl. Burghof (2012).

84 Vgl. Farrow (2012).

85 Vgl. Frazzini/Kabiller/Pedersen (2013).

86 Vgl. Frazzini/Kabiller/Pedersen (2013).

87 Vgl. Asness/Frazzini/Pedersen (2013).

88 Vgl. Vardi (2013).

89 Eine Ausnahme stellen die Vereinigten Staaten von Amerika dar, deren Geburtenrate aufgrund der mexikanischen Einwanderer hoch ist und die aufgrund der besonders optimistischen Grundhaltung der Bevölkerung auch keinen Rückgang bei Krisen erleidet. Vgl. Birg (2013).

90 Vgl. Moore (1965).

91 Vgl. Brynjolfsson/McAfee (2014).

92 Vgl. Tech News (2014).